自分の行動様式を知り、人生に活かす

ライフスタイル診断シート

本シートに回答することで、あなたの行動様式が診断できます。

以下の各質問について、(A)〜(D)の4つのうちで、もっともあてはまるものに◎を、その次にあてはまるものに○を、記入欄につけてください。

No.	質問	記入欄	
1	もっともうれしいことは何ですか。		(A)安心できる状況で暮らしていること
			(B)たくさんの人から好かれること
			(C)たくさんの人から頼りにされること
			(D)難しい課題をなしとげること
2	もっとも避けたいことは何ですか。		(A)めんどうなこと
			(B)人から嫌われること
			(C)メンツをつぶされること
			(D)無意味な時間を過ごすこと
3	人からどんなふうに言われることが多いですか。		(A)「ほっとする人」
			(B)「楽しい人」
			(C)「頼りになる人」
			(D)「すごい人」
4	人の役に立とうとするとき、どのような行動をすることが多いですか。		(A)まわりの雰囲気を和らげる
			(B)気配りをする
			(C)リーダーシップを発揮する
			(D)知識や技術を提供する
5	ときどきこんな気分になることがありますか。		(A)投げやりな気分
			(B)不安な気分
			(C)怒りっぽい気分
			(D)うつっぽい気分
			(A)「マイペースな人」
			(B)「八方美人な人」
			(C)「仕切り屋さん」
			(D)「完璧主義な人」
			(A)人肌程度
			(B)あたたかい
	どの程度ですか。		(C)熱い
			(D)クール

(裏へ続きます)

No.	質問	記入欄	
8	あと1週間で死ぬとしたら何をしますか。		(A)じゃまされずにのんびりする
			(B)大切な人と一緒にいる
			(C)自分の考えをみんなに伝える
			(D)やり残したことをする
9	好きな言葉はどれですか。		(A)「なんとかなる！」
			(B)「みんな大好き！」
			(C)「俺に(私に)ついてこい！」
			(D)「最後までがんばる！」
10	よく言う口癖はどれですか。		(A)「めんどうくさい」
			(B)「どうぞどうぞ」
			(C)「許せない」
			(D)「まだまだだ」
11	イベントや行事についてはどう対応しますか。		(A)必要最低限参加する
			(B)幹事を手伝うことが多い
			(C)自分から企画することが多い
			(D)利益がありそうなら参加する
12	休日の過ごし方で好きなのはどれですか。		(A)気の向くままに快適に過ごす
			(B)人から誘われて出かける
			(C)自分から誰かを誘って出かける
			(D)知識や技術の習得に励む
13	何かをするときどの程度が好きですか。		(A)ほどほど
			(B)人並み
			(C)人から尊敬される程度
			(D)目指している領域で一番
14	自分の短所をあげるとすればどれですか。		(A)あまり進歩がないこと
			(B)他人にサービスしすぎてしまうこと
			(C)柔軟性に欠けること
			(D)何でも背負いすぎてしまうこと

質問は以上です。おつかれさまでした。

採点方法と診断内容については、本文54ページをお読みください。
ライフスタイル診断を、あなたの人生にお役立てくだされば幸いです。

今すぐ人生に効く9つのワーク

アドラー〝実践〟講義 幸せに生きる

向後千春

技術評論社

はじめに

この本の目的

この本は、**アドラー心理学をはじめて学ぶ人を対象**に書かれました。アドラー心理学は非常に実践的な内容を持っていると同時に、近代科学とは違ったもうひとつ別の理論的な体系を持っています。いわば、人間を中心とした新しい人間科学ともいうべき体系です。

この本では、アドラー心理学の理論体系を近代科学と比較しながら理解していけるように書きました。また、アドラー心理学もまた心理学という大きな潮流の中のひとつの理論体系ですので、心理学全体の流れの中でアドラー心理学がどのようなユニークな立場を保っているのかについても書きたいと思います。同時に、ユニークな立場であるにもかかわらず、その後の心理学の流れに大きな影響を与えている点に重点をおきたいと思います。

アドラー心理学では、理論が机上の空論で終わることなく、日常生活で実践され、実際にその人の人生を創り出していくために役に立つというところに特徴があります。ですので、この本においても、読者が実際に自分でやってみることができるような「**ワーク**」を入れてあります。このワークを自分一人で、あるいは仲間と一緒にやってみることによって、あなたは自分自身をより深く理解できますし、またそのことによって自分自身を変えていくことができるでしょう。また、仲間と一緒にやっていけば、仲間との絆もより強くなることでしょう。

この本で取り上げているワークは、私の講演や講座で実施しているものです。グループで考えたり、話したり、演じたり、遊んだりすることによって、アドラー心理学の理論が、私たちの人生では具体的にはどういうふうに役に立つのかということを、身体を通して理解することができるでしょう。

この本の使い方

各章は講義形式になっています。次のような構成で書かれています。

1 導入

各章で扱う内容を予告します。ウォームアップです。

2 ワーク 実際にみなさんにやっていただきたい簡単な実習を提示します。自分で考えたり、書いたりする作業があります。ワークをすることによって、このあとの理論の解説がよりよくわかることでしょう。

3 解説 やっていただいたワークの解説をしながら、アドラー心理学の理論とその実践的な意味についてお話しします。

4 質疑応答 章によっては、私が講演や講座でよく受ける質問を取り上げて、それに回答していきます。

5 締めの言葉 最後に、章に関連するアドラーの言葉を取り上げます。この言葉によってあなたは新しい生き方の指針を見つけることができるかもしれません。

アドラー心理学は「**実践の心理学**」です。この本を使うことによって、あなた自身がもうひとつ別の新しい生き方へのヒントをつかむことになれば、望外の喜びです。

向後千春

第9章 あなたが幸せに生きるためにはどうすればいいのか — 共同体感覚

第10章 アドラー心理学はあなたに何を提供するのか

この本は、2014年度春に開かれた早稲田大学オープンカレッジ中野校での講座『幸福になるための臨床心理学:アドラー心理学の理論と実践』をベースに、再構成・加筆したものです。受講者の方の発言は一般的な内容に修正されており、架空のものです。

第1章

私たちは何のために毎日を生きているのか

私たちは自分がなぜ毎日を生きているのか、その理由を知らないで生きている

いきなり本質的な問いから始めたいと思います。それは「人は何のために生きるか」ということです。こういうふうに質問されると、みなさんはいろんな答えをもっていると思います。

たとえば「真実を知るためです」という答え。何の真実なのかはわかりませんけれども、何か本当のことを求めて生きる、と考えている人もいるでしょう。

「本当の自分を知るため」と答える人もいるかもしれません。本当の自分というのがよくわからないですけど、そんな人もいるでしょう。

「生きるのではなく、生かされてるんです」という人もいるかもしれません。宗教的な香りもします。

「何のために生きるのか、それを知るために私は生きているんです」っていう哲学的な答えを出す人もいると思います。

「死ぬためです」と答える人もいるかもしれません。「死ぬために生きる」というのは、セリフと

しては成立しますけど、別に死ぬために生きてるわけじゃないですよね。結果として死ぬだけであって、死ぬことが目的なのではありません。

「何のために生きるのか」という問いに、決まった答えはないのかもしれません。とはいえ、ほとんどの人が同意する答えはひとつあります。

それは「幸せになるため」です。生きているからには「幸せになろう」というのは生きるための目的になります。不幸になろうと思って生きる人はめったにいません。ほとんどの人は幸せになろうと思って生きているのです。

日々生きてる人たちは、かならず今よりももっと幸せになりたいと思って毎日を生きています。これはほぼ全員が同意する。では、どういうふうにすれば幸せになれるのか、これが次の質問になるはずです。どうですか?

たとえば、健康であれば幸せになれるのではないか。確かに健康は生きるために大切です。でも、病気でも幸せに生きている人はいます。逆に、健康でもあまりこれをやりすぎると、健康オタクになってしまって、不幸になっている人もいるかもしれません。

お金があれば幸せになれるんじゃないか、という人もいます。確かに貧乏よりはお金持ちのほうがよさそうです。だけどお金がたくさんあっても、たとえ使い切れないほどあっても不幸に生きている人はいます。だから必ずしもお金があっても幸せになれるという話でもない。

家族がいることを幸せの条件にあげる人もいるかもしれません。でも、一人で生きてる人でも幸せに生きている人はいます。逆に、家族に囲まれているのに、とても不幸な人がいます。家族全員から無視されていたり、邪魔者扱いされていたりすると、まさに不幸です。


いろいろな答えがあります。どれももっともだし、当たっているところもある。でも、アルフレッド・アドラーはこういうふうに言います。幸せになるための答えを知っている。

それは何かというと「他の人を幸せにする」ことです。そして「そのための能力を身につける」ことです。どんな人であっても、どんな境遇にあっても、どんな能力を持つ人であっても、これが幸せになる方法なのです。反対に、不幸な人は、どんなにお金があっても、健康であっても、社会的地位があっても、他の人を幸せにしていない人です。

私たちは、いろいろなことを勉強して、たくさんの努力をして、知的能力や身体的能力をつけていきます。それは何のためなのかと言うと、自分のためではないのです。いつかどこかで他の人の役に立って、その人を幸せにすることができるようになるためなのです。そのために、努力をしてさまざまな能力を身につけるのですね。

アルフレッド・アドラーとアドラー心理学

ここで、アルフレッド・アドラーという人とアドラー心理学について簡単に説明しておきましょう。

アルフレッド・アドラーという人は、1870年から1937年に生きた心理学者でした。ジークムント・フロイトやカール・グスタフ・ユングと同じ時代の人です。世界的には、フロイト、ユング、アドラーの3人が臨床心理学の基礎を作ったと評価されています。しかし、日本では、フロイトやユングほどは紹介されてきませんでしたので、これまであまり知られていませんでした。

アドラーは、1870年にユダヤ人の7人兄弟の次男としてウィーンで生まれました。1888年にウィーン大学医学部に進み、卒業後はウィーンで診療所を始めました。1902年にはフロイトに招かれて研究グループに参加します。しかし、1911年にフロイトと決別して、自由精神分析協会を設立しました。のちに、これを個人心理学会と改称しました。

なぜ「個人心理学（individual psychology）」という名称なのかというと、ここでいう「個人」とは「分割できない統一体（in-dividual）」という意味で使っています。「個人は分割できない統一体であり、それがその人自身の人生を決めている」という考え方がアドラーが提唱した心理学の大きな特徴になっているのです。日本では「個人心理学」と呼ぶ代わりに「アドラー心理学」と呼ばれることが多くなっています。

アドラー心理学は、これから説明していくように、人の行動や認知のしくみ、自分自身の理解、自分と他者との関係の理解といったことについての、ユニークで有用な枠組みを提供しています。アドラーの時代から百年がたって、その枠組みはたくさんの心理学者に影響を与えてきました。しかし、その影響がアドラーの考え方に由来しているという言及はあまりなされてきませんでした。エレン・ベルガーという研究者が『無意識の発見』という臨床心理学史の本の中で、アドラーの考え方は「共同採石場」のように、誰もがやってきて石を切っていくようなものだったと紹介しています。また、アドラー自身も、アドラーという名前がなくなっても構わない、人類共有の財産になればそれでいい、と言っていたのです。

私たちが自分の人生を生きるために有用なアイデアが、アドラー心理学にはたくさん含まれています。それをこれから、ひとつひとつ体験していきましょう。

Work

一番幸せを感じたのはどんなとき？

さて、それではワークをやりましょう。このワークは一人でもできますし、また友だちと一緒にすることもできます。

では、始めましょう。次にいくつかの質問があります。この質問の答えを考えてみてください。まとまったら話してください。

1. あなたが一番幸せを感じたのはいつ頃でしたか。
2. それはどんなときでしたか。何をしているときでしたか。
3. なぜ幸せだったのでしょうか。何があなたに幸せを感じさせたのでしょうか。
4. 今そのときのように幸せになるためにはどんなことをすればいいでしょうか。何を変えればいいでしょうか。

あなたが幸せを感じるとき

では、みなさんからの答えをいくつか見ていきましょう。

Aさん　ダンスの発表会で、オリジナルダンスを披露したときに幸せを感じました。まったく知らない人たちから拍手喝采を浴び、これまでにない達成感がありました。今も同じように幸せになるには、没頭できる時間と情熱が必要と思います。

Bさん　友人の肖像画を描きました。それを人に見せたところ、とても褒めてもらい、その上「自分も描いてほしい」と頼まれ、とても幸せでした。

Cさん　一番幸せだったのは出産したときです。あのときの幸せな感覚はなんだったのだろうと、今もふと思い出すことがあります。

Dさん　自分の企画したイベントが大成功をおさめました。お客さんから喜びの声を直接聞くことができ、みなさんが心から楽しめる催しを開催できた、と実感できました。

Eさん　部活に熱中していた頃が一番幸せでした。練習で帰りが遅くなっても、いつも口うるさい母親が文句もいわず、むしろねぎらってくれました。あの頃の集中力が今もあれば、幸せを感じられると思います。

幸せはどんなときに感じるのか

幸せについてのアドラーの回答は「他の人を幸せにすること」である、と始めにいいました。でも、こうして一人ひとりの「幸せを感じたとき」を聞いてみると、それぞれに幸せの瞬間も違いますし、どういうことで幸せを感じるのかということもまた違うということがわかります。振り返ってみましょう。

ダンスを発表したときが幸せだったという方は「まったく知らない人たちから拍手喝采を浴び幸せだった」と言っています。応援してくれた人たちとの「つながり」のようなものを感じたことが幸せに結びついたようですね。

友人の肖像画を描いたという方は「自分も描いてほしいと言われたことが幸せだった」と言っています。他の人が喜ぶようなことを自分がしてあげられたということが幸せにつながったようです。

イベントを企画していた方は「みなさんが心から楽しめる催しを開催できて幸せを感じた」と言っ

ています。自分の企画したイベントが人を喜ばせたということが幸せにつながっているようです。

このように見てみると、共通点があります。それは、こういうことです。

(1) 自分の能力を発揮できること

(2) それが他の人のためになっていること

ひとつめは「自分の能力を発揮できること」です。それは、踊ることであったり、絵を描くことであったり、イベントを企画することであったり、人によってさまざまです。しかし、ひとつ言えることは、自分の能力を存分に発揮するということが、幸せにつながるということです。

そしてもうひとつは「そのことが他の人のためになっていること」です。ただ自分の能力を発揮するだけではなくて、そうすることが他の人のためになっていること、他の人を喜ばせること、つまり、他の人を幸せにすることによって、自分の行為が幸せにつながるということなのです。

もちろんこれとは違うケースもあるでしょう。前の例を見てみると、赤ちゃんを産んだときや、部活に熱中していたというようなことも、幸せだと感じる瞬間になります。しかし、このようなケースでも、赤ちゃんを産むという能力を発揮して、まわりの人を喜ばせたと考えることができます。

また、部活に熱中するという能力を発揮して、いつもは口うるさい親をほっておかせたわけですね。

いずれの場合も、自分の能力をどう発揮するかということと、それが他の人とどう関わるのかということがキーになっているのです。

アドラー心理学は普通の人の日常生活のための心理学

「人は何のために生きているのか」という問いに対して、「それは幸せになるためだ」という回答をしてみました。この回答に対して、「では、幸せになるためにはどうしたらいいのですか」という問いが続くでしょう。幸せになるためには、次の2つのことが重要です。

(1) 自分の能力を発揮できること

(2) それが他の人のためになっていること

これが、「幸せに生きるにはどうしたらいいのか」という問いに対するアドラー心理学からの回答です。シンプルすぎますか？　そうかもしれません。でも、もしあなたが少しでも「なるほどそうかもしれないな」と思ったならば、この先を読んでください。人として生きるということを、アドラーがどのように考えていたのかがわかるでしょう。そうすることによって、あなた自身の人生をよりよく生きるために役に立つヒントを見つけ出せるかもしれません。

アドラー心理学は、普通の人の日常生活のための心理学です。何も特別なことはありません。聞いてみれば、「なんだそんなことは当たり前じゃないか」と思うかもしれません。「でも、その当たり前のことができないんで困っているんじゃないですか」と反論するかもしれません。それをやればいいとわかっているのに、なぜそれができないのか、その仕組みを、アドラー心理学はみなさんに明らかにします。

私たちは、自分が「なぜそう考えているのか」という理由を知りません。なぜそう考えるのかと聞かれても、そう考えるからそう考えるのだ、というでしょう。普通は、ここで議論はストップします。しかし、アドラー心理学はその先を明らかにします。あなたが「そう考える」のはこういうわけだという「枠組み」、つまり「理論」を提供します。

アドラー心理学を学ぶと、自分がなぜこう考えているのかということや、自分がなぜこう行動しているのかということが、明らかになってしまいます。つまり、自分自身の「仕組み」がわかってしまうのです。

もし、あなたが「生きている意味」を知りたいと思うのであれば、アドラー心理学を学ぶのがいいと思います。なぜなら、アドラー心理学は、私たちがどのようにして毎日を生きているのかということについての「全体像」を与えてくれるからです。もちろんそれは「真理」というものではなく、「ひとつの見方」に過ぎません。しかし、それは非常によく考えられた見方です。よく考えられ体系づけられた見方を「理論」と呼びます。アドラー心理学の理論を採用するかどうかはあなた次第です。

では、アドラー心理学の探険に進んでいきましょう。

Column

幸福度を決める要因はなにか

ソニア・リュボミアスキーの『幸せがずっと続く12の行動習慣』（日本実業出版社、2012年）では、その人がどれほど幸福かということを決める要因はなんなのかということを明らかにしています。

その研究成果によると、幸福度を決める要因は、まず遺伝による設定値が50％、環境による違い（財産、健康、器量、婚姻など）が10％です。そして、残りの40％は、自分の意図的な行動で決めることができるとされています。

環境による違いが10％の重みしかないのは、人は何にでも慣れてしまうという性質（快楽順応）を持っているためです。だから、収入のいい仕事についても、整形手術をしても、マンションを買っても、幸せなのはその一瞬だけなのです。

この本では、幸せが続くように、どのような意図的な行動をすればいいのかについて、次の12項目をあげています。

1　感謝の気持ちを表す
2　楽観的になる
3　考えすぎない、他人と比較しない
4　親切にする
5　人間関係を育てる
6　ストレスや悩みへの対抗策を練る
7　人を許す
8　熱中できる活動を増やす
9　人生の喜びを深く味わう
10　目標達成に全力を尽くす
11　内面的なものを大切にする
12　身体を大切にする—瞑想と運動

これを見ると、「8　熱中できる活動を増やす」や「10　目標達成に全力を尽くす」は、アドラー心理学があげる幸せになるための第1のポイント「(1) 自分の能力を発揮できること」

に関係がありそうです。また、「1　感謝の気持ちを表す」や「4　親切にする」や「5　人間関係を育てる」は、第2のポイント「(2)　それが他の人のためになっていること」に関係がありそうですね。

もう1冊、幸福に関連する本を取り上げましょう。マクゴニガルの『幸せな未来は「ゲーム」が創る』(早川書房、2011年)です。現実世界の問題である幸せになる方法を考えるのに、なぜ架空の世界であるゲームなのかというと、ゲームというのは幸せに生きるためにはどうしたらいいのかを試すためのテスト環境になるからです。マクゴニガルは、この本の中でゲームについての探求をしながら、実は、幸せに生きるための方法について書いているのです。

現実の生活や人生は、複雑な文脈と偶然に影響されています。そこで、ゲームというテスト環境を使って、その中で幸福感を味わうためにはどうすればいいのかということを実証的に検討するわけです。そのことによって、実生活の中でも幸福に生きるための方法を探すことができるでしょう。

さて、いったいどうすればゲームの中で幸福感を味わうことができるのでしょうか。答えはこの本の中に書かれています。ひとつは、満足の行く仕事をすることで成功体験を積み、個人的な強みを伸ばすことです。もうひとつは、社会的つながりを感じ、さらには自分が何か大きなものの一部であると感じることによって、自分がやっていることの意味を見出すことです。なんだそうだったのですね。この2つは、アドラー心理学が提示する、幸せに生きるための2つのポイントである

（1）自分の能力を発揮できること
（2）それが他の人のためになっていること

と同じことを言っているようです。

最先端のゲーム研究においても、アドラー心理学と同じ結論に達しているみたいですね。

講義の締めに：アドラーの言葉

人生は仲間に関心を持ち、全体の一部であり、
人類の幸福に貢献することである。

――アルフレッド・アドラー『人生の意味の心理学〈上〉』（アルテ）より

あなたはなぜそう「行動」するのか ― 目的論

どんな人でも劣等感を持っている

では、今日のテーマにまいりましょう。今日は、まず「劣等感」ということから始めていきたいと思います。最初にアドラーが注目したのが劣等感です。劣等感と聞くとなんとなく嫌な感じがするかもしれません。しかし、アドラーの言う劣等感は、普通の感情であり普通の感覚なのです。

劣等感は英語では、inferiority feelings、つまり「フィーリング（感じ）」です。自分が少し劣っていると感じることです。そして、これはごく普通のことであり、誰でもみんな持っている感覚なのです。劣等感を持っていない人はいません。特別なものではありません。

では、なぜ人は劣等感を感じるのかというと、「今より良くなろう」と思っているからです。人はみな、「明日は今日

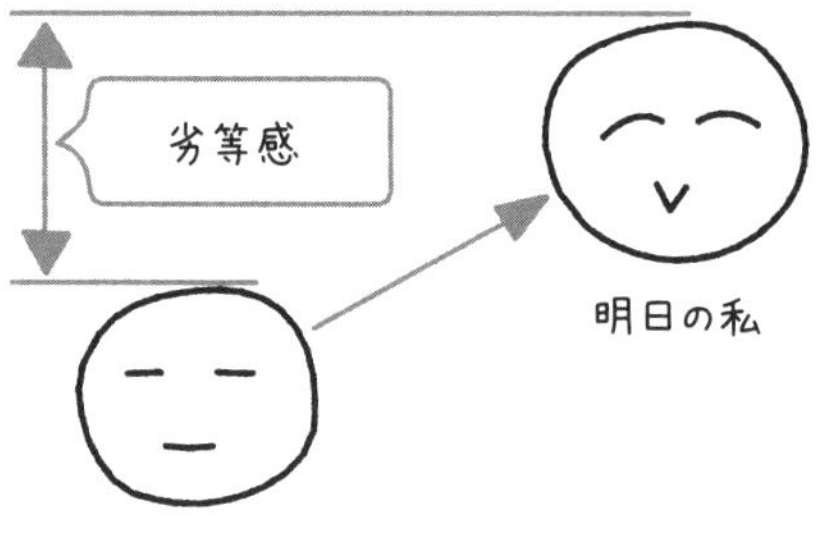

劣等感は明日の私から
今日の私を引いたもの

より良くなろう」と思って生きています。少しずつでも、進歩しようと思って生きています。そして、いつかこうなろうという目標を持っています

「明日は、今日より良くなろう」としていますので、明日少し良くなった状態から今日の状態を見れば、つねに少し悪い状態です。それが劣等感ということです。人は、良くなった状態、こんなふうになりたいという理想の状態をつねに思い描いています。しかし、その理想の状態から見れば、今はそれを満たさないので、その差が劣等感になるというわけです。

ですから、どのような人でも必ず劣等感を抱くのです。アドラーは、この劣等感こそが、人間が行動するための原動力だと考えました。なるほど、人は「今より良くなろう」と考える。だから努力する。そうすることによって、今より優れた自分になることを目指します。

これがアドラーの劣等感に関するアイデアです。こう考えると、劣等感というのは別に悪いことではありません。劣等感を持つことは、今より良くなろうとしている証拠ですので、むしろいいことかもしれません。

Work

自分の弱いところとなりたい自分

それでは、ワークに入りたいと思います。

最初に「自分の弱いところとなりたい自分」について考えてみましょう。自分で「ここが弱いな」と感じたところを考えてみます。それはどんなときだったでしょうか。そして、その後どのように考えて、どのように行動したのかについて、話してください。1人でやるときは、紙に書いてください。

なお、これは非常にセンシティブなワークです。自分のコンプレックスをさらけ出すというようなことは意図していません。ですので、必ずしも本当のことを話さなくてもけっこうですよ。当たり障りのないところを話すだけで十分です。

誰でも自分の弱いところを感じて、それを克服しようとしている

では、みなさんの答えをいくつか見ていきましょう。まず「自分の弱いところ」です。

Aさん 他人の悪い面を気にしてしまいます。物事を真面目にやらない人とは、正直つきあいたくない、と思ってしまうのです。その人たちにもきっといいところがあるはずなのに…。

Bさん 優柔不断な自分がいます。無理だと思っていても、頼まれるとどうしても断ることができません。

Cさん 他人がどう思うかが気になります。あいさつや世間話ですら、こんなことを言ったら相手はどう思うだろう、と悩んでしまいます。

Dさん 人にストレートに意見をしてしまうことが多くあります。嘘をつくのはよくないと思って厳しいこともいいましたが、相手を傷つけていたかもしれません。

それでは、続いて、なりたい自分についての答えを見てみましょう。あなたのなりたい自分とはどのような自分でしょうか。今の自分はいかがでしょうか。では、なりたい自分になるために、今できることはどのようなことでしょうか。

Eさん　勉強が楽しくて仕方がありません。もっと勉強時間がほしいので早めにリタイアして、自分をどんどん向上させたいと考えています。

Fさん　コミュニケーション上手になりたいです。この講義で何かヒントがつかめればと思っています。

Gさん　時間の管理がうまくできるようになりたいです。スケジュールをきちんと組み立て、その通りに行動できる自分になるのが理想です。

劣等感と劣等コンプレックスの違い

「劣等感」というコトバには、あまり良いイメージがありません。しかし、劣等感の正体が実は、明日の自分から今日の自分を引いたものなのだとわかると、どんなに優秀な人であろうと誰もが持っている普通の感覚だということが理解できます。

その一方で、「私は劣等感のかたまりなんです」というように使うときの「劣等感」というのは、正確には、「劣等コンプレックス」のことを指しています。「コンプレックス」というのは「複合体」ということです。さまざまなものが一つのかたまりになったものを「コンプレックス」つまり「複合体」と呼んでいます。劣等感は、誰もが普通に持っているのですけれども、それにいろいろなものがくっついて、しこりのようになった状態を「劣等コンプレックス」と呼んでいるわけです。

劣等コンプレックスはイヤなものですけれども、一方で、便利に使うこともできます。たとえば、今問題に直面していて、なんらかの努力によって解決しなくてはいけないことがあるとしましょう。そこから逃げようとするときに、劣等コンプレックスはとても役に立ちます。たとえば、勉強しなくてはいけないのに、「私はもともと頭が悪いから」といって、努力しないというのは、劣等コンプレックスを「道具」として、当面の課題である勉強から逃れようとしているのです。

また「もともと運動神経がないので、運動はしない」というのもそうです。それから、「私はもともと意地悪な性格なので、困っている人がいても、見て見ぬふりをしてしまいます」というようなものも、すべて言い訳の道具として、劣等コンプレックスを使っているということになります。

まとめると、劣等感と劣等コンプレックスの違いは、次のようになります。「私は劣等感を感じる。だから努力する」というときは、誰もが普通に持っている「劣等感」のことです。そのときに劣等感は努力のための原動力になります。そうではなくて「私には劣等コンプレックスがある。だから努力を避ける」というときには、言い訳の道具として「劣等コンプレックス」を使っているということです。

劣等性に対して努力するか回避するかは個人によって違う

劣等感と劣等コンプレックスに関連した言葉で、「劣等性」があります。この定義をしておきましょう。劣等性というのは、客観的に見て自分が劣っているということです。これも普通にあることです。完全な人間はいません。全員が不完全な人間ですので、完全な状態から見れば必ず劣っているということです。

アドラーが特に注目したのは、容姿や、身体的特徴です。これを「器官劣等性」と呼びました。容姿は誰が見ても目に付きますので、まずこれについて劣等感を持つのです。アドラーは器官劣等性に注目していました。しかし、それ以外にも、私たちはいろいろな場面で劣等性を感じています。

1つめは、運動能力の劣等性です。小学校に入るとすぐかけっこをしますね。かけっこが速いか遅いかということは、誰が見ても分かってしまいます。走るのが遅ければ、それは運動能力の劣等性の証拠になります。そうすると走ることに対して劣等感を抱きます。その劣等感に対して、ある人はがんばって練習して速くなろうとします。また別の人は、走るという課題そのものから逃れようとします。どのような行動を取るかは、その人によって異なります。

2つめは、知的能力の劣等性です。たとえば、学校の試験でいい点数を取るとか、上手に話しをするとか、課題解決をするというような場面では、知的能力の劣等性が明らかになります。テストの成績が悪いという劣等性に対して、がんばって勉強するか、あるいは、勉強はできないけれどもクラスのみんなを笑わせる能力を発揮しようとするかは、その人が決めていきます。

3つめは、情動的能力の劣等性です。優しさがないとか、共感性がないというようなことです。これも日常的な場面で明らかになることがあります。こうした情動的な能力の劣等性に対しても、そのことについて努力をするのか、あるいはその課題を回避するのかは個人によって違います。

このようにどんな領域でも、人は劣等性を持っています。劣等性が明らかになると、劣等感を感じます。その劣等感に対してどのような行動をするのかは個人によって違います。ある人は、劣等性を補うために努力します。これを「補償」と呼びます。

たとえば、かけっこが遅ければ、走ることを練習して、速くなろうとします。つまり「走る」という領域内でがんばろうとするわけです。しかし、かけっこはもう捨てておいて、違うところでがんばろうとする場合もあります。たとえば、かけっこが遅ければ、そこでの勝負は捨てて、勉強でがんばろうとする子どもがいるかもしれません。もし勉強がダメなら、クラスの人気者になろうとしてがんばることを決心するかもしれません。

このように、私たちは、子どものときから、さまざまな決断をしてきました。ここでがんばろうとか、ここは捨てておいて違うところでがんばろう、というように決断しながら、大人になってきたのです。そして、こうした体験と決断を経て、自分の個性を形作ってきたのです。この個性のことを、アドラー心理学では「ライフスタイル」と呼びます。

プラスを目指しているのでマイナスを感じて努力する

なぜ劣等感を感じるのでしょうか。劣等感を感じるためは自分に客観的な劣等性を見てとることが条件です。しかし、たとえ客観的な劣等性があったとしても、自分が劣等感を感じるかどうかということは別のことです。たとえば、私とオリンピックの金メダリストを比較すると明らかに劣等性があります。しかし、私は特に劣等感は感じません。なぜかというと、私はその金メダリストのようになりたいとは思っていないからです。

劣等感を感じるには、私はこうなりたいという「明日の私」のイメージがあることが条件です。この「明日の私」のイメージのことを「自己理想」と呼びます。そして、この自己理想は、誰もが持っているものです。したがって、誰もが劣等感を感じています。自己理想に比べれば、「今日の私」は不十分なところだらけです。だから劣等感を感じ、それを補償するために努力をしようとします。

他人と自分とを比較して、「私はあの人にはかなわない」と思うことがあるかもしれません。これを「劣等感」と呼ぶ場合もあるでしょう。しかし、その劣等感は、実際には、自分と他人と比較してのことではありません。あの人にはかなわないと思うのは、「あの人」の中に「明日の私」を見ているからなのです。ですから、自分が理想とするような人がまわりにいて、その人を見ると「自分はまだまだ駄目だな」と感じることはあります。その劣等感は、その人と自分との比較ではなくて、「その人の中に見出した明日の私」と「今日の私」との比較の結果なのです。

明日の私のイメージとしての「自己理想」は誰もが持っています。それと比較すれば今日の自分は不完全です。そこに「マイナス」を感じます。マイナスを感じるので、明日はもっと良くなろうという「プラス」を目指して努力をするわけです。

「不完全である勇気」を持つことで第一歩を踏み出せる

さて、これであなたが、なぜそう「行動」するのかがわかりました。あなたは「明日の私」というプラスのイメージを持っています。それに向かって行動するのです。そのときに、どうしても「明日の私」と「今日の私」を比較してしまいます。そこで感じるのが「劣等感」というわけです。

劣等感は、自分より優れているように見える他人と自分との比較で生まれるものではありません。自分がその人のようになりたいなあと思って、その人の中に「明日の私」を見出したときに、それと「今日の私」を比較して生まれるものです。ですから、あくまでも、自分の中の問題なのです。もし他人と自分との比較で劣等感が生まれるのであれば、あらゆる他人は何らかの側面で自分よりも優れたところがあるはずですので、すべての他人に劣等感を感じるはずです。しかし、実際はそうではありません。あくまでも、その他人の中に自分を見出すこと、つまり、ある側面で自分とその他人を同一視するときに限って劣等感が生じるのです。

劣等感は単なる「感じ」ですので、「明日の私」を目指す限り、誰もが感じることであり、特別なことではありません。しかし、その「感じ」にいろいろな理屈をくっつけて、自分の中で「実体化」してしまうと「劣等コンプレックス」になります。劣等コンプレックスは、自分が「行動しない」あるいは「課題を避ける」ためには便利な言い訳として使えます。

劣等コンプレックスを使えば、単に「言い訳」を考えるだけのコストで、自分の課題を避けることができますので、人はそれをよく使います。「もともと頭が悪いので、勉強できない」「もともと運動神経が悪いので、スポーツができない」「もともと思いやりがないので、優しくできない」というような言い訳です。しかし、このような言い訳は、すべて「できない」のではなくて、「勉強したくない」「スポーツをしたくない」「優しくしたくない」ということを、劣等コンプレックスを使って言っているに過ぎないのです。

それでは、劣等コンプレックスを使って、課題を避けるのではなく、プラスの自分に向かって行動するにはどうすればいいのでしょうか。

それは「今日の私」をすなおに認めることです。確かに「明日の私」に比較すれば、「今日の私」は不十分であり、未完成です。**完璧な姿として「明日の私」をイメージする限り、「今日の私」は常に不完全なのです。とすれば、すなおに「不完全な今日の私」を認めて、出発するしかありません。**これを「不完全である勇気（courage to be imperfect）」と呼びます。不完全である勇気を持つことによって、課題に挑戦するための第一歩を踏み出すことができるのです。

Column

目的論 すべての人間の行動には目的がある

私たちは、「なぜこうなっているんだろう?」と考えるときに、「原因→結果」という枠組みで考えます。結果としてこうなったのは、なんらかの原因があったからだと考えるわけです。これは「因果律」と呼ばれます。因果律を明らかにすることで、物事が起こる仕組みを明らかにすることができます。この因果律を利用することで科学技術が進歩してきたのです。

因果律は、科学技術の世界では強い基盤になっています。たとえば、「このような設計でビルを建てれば、震度7でも壊れないビルが作れる」というようなことが確実に言えるわけです。因果律の考え方は、学校でも一貫して教えられますので、私たちは自然に「原因→結果」の思考法で考えていることが多くなります。

そうすると、科学技術の世界だけでなく、人間の世界に関することでも因果律を使おうとします。たとえば、「昔あのようなことがあったので、今このようなトラウマを持っていて苦しんでいます」とか、「子ども時代にこんなことがあって、それが今の私のコンプレックスになっています」というようなことを言うわけです。このような考え方を「原因論」と呼びます。

この原因論を採用すると、フロイトの考え方になります。フロイトは、アドラーと同時代の心理学者で、その時代に「無意識」の概念を提唱し、精神分析学という大きな流れを作りました。初期の頃は、アドラーはフロイトと交流があり、共同研究をしていました。しかし、その後、アドラーはフロイトと決別して、独自のアドラー心理学を打ち立てました。

さて、フロイトにしたがえば「あなたには、幼児期にこのようなことがあって、それがコンプレックスとなっているので、こんな行動をするのです」というような因果的な診断をします。しかし、それは科学技術における因果律と同等のものではありません。確かに、幼児期のなんらかの経験が現在に影響を及ぼしている可能性はゼロではありません。しかし、その人の現在の行動を決めているものは、現在までのありとあらゆる学習体験であり、家族環境であり、対人関係であり、遺伝的要因であり、それに偶然が重なったものなのです。つまり、何が直接的な原因であるかということの特定は不可能です。

たとえ自分の行動の原因が特定できたとしても、その原因はすでに過去のことですので、どうすることもできません。今さら過去を変えることはできないのです。これが人間の世界における「原因論」の限界です。それにもかかわらず、私たちはこうした原因論的な見方をしてしまうことが多いのです。

　アドラーは原因論を採用しませんでした。原因論ではなく、「目的論」を採用しました。「すべての人間は、それぞれの目的に向かって進んでいく」というのが目的論の見方です。今私たちがしているすべての行動は、その目的を果たすための行動なのです。私たちは、過去にこういうことがあったから今こうしているというのではなく、追求している目的があるので今こういう行動をしているのです。これが目的論の考え方です。

　あなたには「なりたい自分」があるから、今このような行動を取っているのではありませんか。すべての行動には、そのような目的があるというのがアドラーのアイデアでした。もちろん因果律はあります。それは科学技術のロジックです。その一方で、人間のロジックとしては、自分が今これからどうなりたいのかということがまず先にあって、それに近づくためにどのような行動を取ろうかという考え方になるのです。

　アドラーは原因論ではなく目的論を採用しました。アドラーの言葉で言えば「もっとも重要な問いは、『どこから』ではなく『どこへ』である」ということです。過去のことは変えることができません。しかし、未来のことは自分の意志で変えられます。ですからそこにフォーカスしましょうというのがアドラーの考え方なのです。

講義の締めに：アドラーの言葉

すべての人は劣等感を持っている。しかし、劣等感は病気ではない。むしろ、健康で正常な努力と成長への刺激である。

——アルフレッド・アドラー『個人心理学講義』（アルテ）より

第3章

あなたはなぜ「対人関係」で悩むのか ― 社会統合論

どうして対人関係で悩むのか

では、今日のテーマにまいりましょう。今日は、「対人関係」ということを取り上げたいと思います。アドラーは、人間のすべての悩みは、実際は対人関係の悩みである、と言っています。皆さん、それぞれに何かしらの悩みを持っていると思います。ちょっとそれを思い浮かべてみてください。あの人から、あんなことを言われたとか、あんなメッセージをもらったとか、そういうことが気にかかっていることはよくあります。

悩みは対人関係の悩みばかりではない、という人もいるでしょう。確かに、仕事の悩みや、受験や就活、あるいは子育ての悩みというものもあります。でも、それもよく考えてみると、仕事をめぐっての上司や部下との関係の悩みであったり、受験や就活をめぐっての家族との関係の悩みであったり、子育てをめぐっての義母や夫（妻）との関係の悩みであったりするのです。つまり、最終的には対人関係が問題なのです。仕事や子育てというような、直面する課題そのものはシンプルなものです。しかし、そこに対人関係がからんでくるとやっかいな問題になるのですね。

それでは、なぜ対人関係がやっかいなのかというと、それは一人ひとりが違った個性を持っているからです。そのために、お互いに相手を理解することが難しいのです。私たちは、自分のことはよくわかっていると思っています。自分の考え方や行動の傾向は、昔から慣れ親しんだものだからです。しかし、他者は他者として独自の考え方と行動傾向を持っています。それを理解するのが難しいのです。

私たちは自分のことはよくわかっていると言いましたけれども、それはあまりにも自然なことなので、実はよくわかっていないというのが本当のところです。このために相手と衝突する原因になったりします。自分の発言や行動は、自分にとってあまりにも自然なために、よく考えることなく相手にぶつけてしまいます。そして相手の反応を予測できずにトラブルになったりするのです。

では、こうした対人関係の悩みやトラブルをどうやって解消していけばいいのか。このテーマを取り上げていきたいと思います。

小学生のころの自分を思い出してみよう

皆さんが、小学生だったときの自分を思い出してみてください。勉強やスポーツ、あるいは芸術でがんばろうと思った子どもでしたか。それとも、クラスの中で人気者になろうとしたり、学級委員のようなリーダーになろうとしてがんばった子どもでしたか。

もし小学生の「がんばる方向性」を2つに分けるとしたらこんな分け方ができます。つまり、1番目は、自分の技能を高めようとする方向でがんばる子どもです。2番目は、他者との関係性でがんばる子どもです。この2つは、外からは同じようにがんばっているように見えるのですけれども、その最終的な目標が違っているのです。

1番目は、自分の能力を高めようという方向性です。高める方法はいろいろあります。クラスの中にいれば勉強をがんばろうというのは、すぐ採れる方法です。もし、勉強ができなければ、サッカーや野球などの運動をがんばります。勉強でも運動でもなければ、芸術でがんばります。楽器を弾いたり、マンガを描いたりすることでがんばるわけです。勉強でも、運動でも、芸術でも、いずれにしても自分の技能を高めるという目標を選ぶのが1番目の人たちです。

では、2番目の人たちはどのような目標を選ぶかというと、人気者やリーダーになろうと思うのです。友だちをたくさん作ったり、他の人たちのリーダーに立つということに自分の意味を見出します。そして、その目標のためにがんばります。

1番目の人たちは、このような能力があるということで、自分の意味を見出します。一方、2番目の人たちは、まわりの人から「すごいね」とか「すてきだな」と言われることで自分の意味を見出します。ですから、1番目の人も2番目の人も同じようにがんばっているように見えて、その目標とする方向は違っています。

1番目の人たちは、まわりからほめてもらわなくても自分で勉強したりします。一方で、同じ勉強をするのでも、クラスの人気者になるために勉強する子どももいるわけです。こういう2番目の人たちは、みんなから注目を引くために勉強をがんばります。つまり、人間関係を優先しているわけです。

さて、あなたはどちらのタイプの小学生でしたか？　このように人それぞれでさまざまな目標を選び、それぞれの行動様式を選んでいきます。これを「ライフスタイル」と呼んでおきましょう。

Work

ライフスタイル診断

それでは、ワークに入りたいと思います。まず最初に、あなた自身のライフスタイルを探ってみましょう。それには本書巻頭にある「ライフスタイル診断シート」を使います。

いろいろな質問があります。4つの選択肢がありますので、1番あてはまると思うものに二重丸（◎）をつけてください。そして、2番目にあてはまるものに一重丸（○）をつけてください。深く考え込む必要はありません。直観的に二重丸と一重丸をつけてください。

それではライフスタイル診断シートの質問にすべて答えてから、ここに帰ってきてください。

【採点方法】

付け落としがないことを確認したら、集計しましょう。二重丸を2点、一重丸を1点として、A、B、C、Dごとに合計してください。計算結果は次の欄に書き込みましょう。

A（　）点　B（　）点　C（　）点　D（　）点

点数を書き込んだら、一番点数の高かったところがあなたが属する「部族」です。たとえば、Aの点数が一番高ければ、あなたは「A族」ということになります。この「部族」は、仮想的なものですので、どの部族が偉いとか正しいとかはありません。安心して部族を名乗ってください。あなたは、何族でしたか？

典型的な人たちによる部族会議

ＡＢＣＤの中で一番得点が高かったところがあなたの部族です。とはいっても、２つの部族で同じ得点になってしまったという人もいるでしょう。また、４つがだいたい同じで突出するものがないという人もいるでしょう。反対に、Aだけが高いとか、Cだけが高いという人もいるでしょう。それでいいのです。この得点はだいたいの傾向を示しているにすぎません。それでも、自分のライフスタイルを知るためには便利な道具になります。

４つの部族がそれぞれどんなライフスタイルなのかを説明する前に、典型的な人たちを呼んできて、部族会議を開いてもらうことにしましょう。議題は「4人で一緒に行く旅行について決めましょう」とします。では始めましょう。

D族 私はどこか南国のリゾートに行きたいのですが。

B族 賛成です。私はバリ島に行きたいですね。

A族 私は、バリやリゾートよりも、日本の温泉でのんびりしたいです。

C族 みんなが言いたいことを言っていてもまとまりませんので、方向性として何泊かということで決めませんか。

B族 そうですね。仮に2泊3日くらいの国内旅行でいかがでしょうか。私は沖縄がいいかなと思います。

D族 私は北海道のラベンダーを見に行きたいです。

C族 多数決ということで、もう決めますか。

A族 正直に言ってしまうと、私もこの旅行に行かなくてはだめなのかな…と思っています。

はい、ありがとうございました。では、各部族の人に会議の感想を聞いてみましょう。

D族 自分がまず口火を切りました。何か言わないと議論が始まらないかなと思ったのです。

A族 自分が行きたくないところには、あまり行きたくないと思いました。イヤなことはちゃんと言っておかないといけないかなと思いまして…。

B族 みなさんがいい感じで合意に至るためにはどのようにしたらいいのかな、と考えながら話していました。

C族 いろいろな希望が出ていてバラバラになりそうでしたので、ここは私が言った方がいいかと思って発言しました。

はい、ありがとうございました。各部族の典型的な人たちを呼んできましたので、特徴がよく現れた会議になりました。同じ会議に参加していても、こんなふうにそれぞれに違うことを考えながら話をしているわけですね。

ライフスタイルとは何か

このように人にはそれぞれの個性があります。その人それぞれの行動傾向のことを、心理学では性格や人格と呼んでいます。性格（character）という場合は遺伝的な要因を重く見ています。もって生まれたものですね。一方、人格（personality）という場合は、環境的な要因を重く見ています。成長しながら身につけたものや、社会的な役割の中で身につけたものといえます。

アドラー心理学ではその人独自の思考や行動の傾向を「ライフスタイル」と呼びます。そして、ライフスタイルは、遺伝的要因と環境的要因の両方で決まると考えています。ですから「性格」と「人格」を合わせたような概念です。ライフというのは生活や人生のことです。スタイルは文体ということです。人は生まれたときから自分で自叙伝を書いているようなもので、すべての行動や考え方にその人の独自のスタイル、文体が表れているとアドラーは考えたのです。

今おこなった部族会議で見たように、議論したり、人と交渉したりするときにそれぞれの人の独自の文体が現れてきます。それがライフスタイルです。みんなで行く旅行をどうするかという議論のときに、「このようにしたほうがいい」と言う人と、「皆さんはどうですか」と言う人と、「では取りまとめしましょう」と言う人と、最後に「あんまり面倒なことになりたくないな」と思う人がいるわけです。

共通のテーマについて議論しているにもかかわらず、それぞれの人は自分専用のルールブックを持っていて、それにしたがってどういう発言をするのかを決めているのです。それは本人にとってはあまりにも自然な行為なので、自分のライフスタイルに気づくことはありません。しかし、他の人が違う観点で発言するのを見ると「ああ、自分とは違うんだ」ということには気づくのです。

ライフスタイルの4分類

それでは、皆さんが属している部族のライフスタイルについて説明していきましょう。

最優先目標というのを考えます。私たちは日々生きていく中で、ライフスタイルをあまり意識していません。それは自分にとってまったく自然なことだからです。健康な体を意識することがないのと同じように、自分のライフスタイルをいちいち意識することはありません。しかし、人生の岐路に立ちますと、自分にとって一番大切なことを決める必要が出てきます。そのときに自分のライフスタイルが現れます。それを最優先目標と呼びましょう。

A、B、C、Dの各部族は、それぞれの最優先目標が違います。

A族（安楽族）の人は安楽でいたい、安全でいたい、保護されていたい、面倒なことはなしであってほしいということが最優先目標です。

B族（人気者族）の人は好かれたいということが最優先目標です。まわりの人がみんな自分の方を向いてくれて、「すてきね」と言ってくれると、最高に幸せなのです。

C族（リーダー族）の人たちは、主導権を握

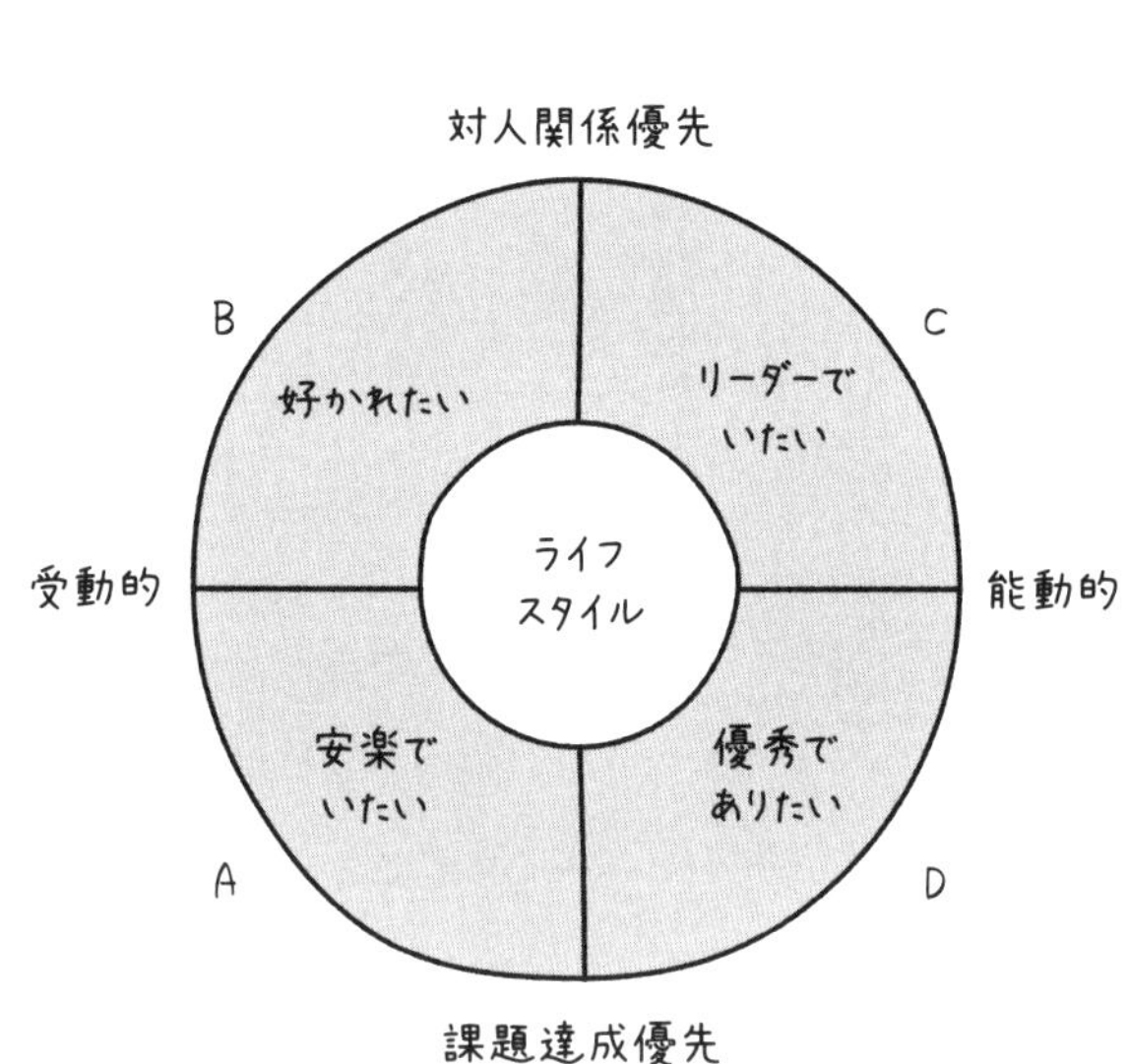

ライフスタイルの4分類と最優先目標

り、リーダーになりたいのです。密かに世界征服をしたいともくろんでいます。

D族（優秀族）の人は、優秀でありたいことが最優先目標です。そのためにたいへんな努力をします。

図に描くと次のようになります。横軸は「受動的↔能動的」あるいは「消極的↔積極的」です。左に行くほど受動的・消極的になります。右に行くほど能動的・積極的になります。縦軸は「対人関係優先↔課題解決優先」です。上に行くほど対人関係優先になります。下に行くほど課題解決優先になります。

A族は課題解決優先の受動型、B族は対人関係優先の受動型、C族は対人関係優先の能動型、D族は課題解決優先の能動型という分類です。

それぞれのライフスタイルの特徴

まず、各ライフスタイルが苦手なこととそれを避ける方法を見ていきましょう。

A族は苦労するのが苦手です。トラブルやもめ事は特にいやです。面倒くさいことはなるべくそれを避けようとします。そのためにいろいろな行事や、会合に出なかったりします。しかし努力しないというわけではなく、トラブルが予測されるときは、あらかじめそのトラブルを起こさないように努力します。A族は特に怠け者というわけではないのです。怠け者ではないのですけれども、トラブルが起きそうだと察知すると、一生懸命やります。しかし、特にトラブルがなければ、マイペースに生きています。

B族は好かれたい人たちなので、嫌われると最悪な気持ちになります。一人でも「あなたのこと嫌い」という人が出てくると、とても落ち込みます。みんなに好かれていないと嫌なのです。そしてまわりの人に好かれるために努力します。まわりの人に一生懸命サービスして、喜ばせようとします。

C族は、密かに世界征服を企んでいますので、他の人に世界征服されるとアウトです。自分より上に立つ人が出てくると、もうどうしようもなくなります。自分がトップに立たないと嫌なのです。そのためにまわりの人たちをコントロールしようとします。

D族は、まわりの人に影響されず、一人で自分の技量を高めることが好きな努力家です。ですので、無意味な時間や待たされたりするのがとても苦手です。そのような時間を過ごすぐらいなら、何か自分の好きなことをやりたいのです。まわりに合わせることができません。

次に、各ライフスタイルの強み（資産）と弱み（負債）を見ていきましょう。あわせて、それによってまわりの人が抱く印象を見てみます。

A族の強みは、気楽さです。この人たちといるとほっとして、くつろぐことができます。本人自身がそういう状態が好きですので、まわりにもなごんだ雰囲気を創り出すことができるのです。弱みは、成長がないことです。努力をするときは、トラブルを避けるときだけです。それ以外はマイペースを保とうとしますので、急速な成長は見込めません。このようなことから、まわりの人が抱く印象は、「時にいらいらさせられる」ということになります。平穏なときはほっとできる相手なのですけれども、いざというときもマイペースなので、ついいらいらさせられるというわけです。

B族の強みは、親密さです。誰とでも仲良くしようとします。そのためにあからさまな敵を作りません。その反面、弱みは、自分がないことです。この人たちは、相手に嫌われたくないために、相手に合わせて自分の行動を決めていきます。そのために自分自身の考えや主張が弱くなってしまうのです。「八方美人」といわれることもあるでしょう。ですので、まわりの人が抱く印象は、「信用できない」ということになります。B族の人が相手にあわせてその言動を変えていくのを見ると、信用できないという印象になるのです。

C族の強みは、リーダーシップをとれることです。まわりの人たちをまとめて自分がその主導権を握り、リードしていきます。まわりの人にとっては頼りになる人です。その反面、弱みは、かたくなであることです。リーダーシップを取るためには自分をしっかり持つことが必要になりますので、逆にそれが、かたくなで、柔軟性がないという弱みになります。そのために、まわりの人が抱く印象は、「反発を感じる」ということです。リーダーシップを取ろうとするあまり、まわりの人への配慮が足りずに、それが反発心を起こさせる原因になったりします。

D族の強みは、なんでもできるということです。自分がやろうと思ったことには努力を惜しみませんので、知識や技能のレベルが高い人です。逆に、弱みは、なんでも背負いすぎてしまうということです。努力をして技能を高めることに秀でた人ですので、必要とあらば、なんでも自分でやってしまおうとします。そのためにチームで解決するというよりは、一人で背負い込んでしまうのです。まわりの人が抱く印象は、「劣等感を感じる」ということです。なんでもできるように見える人のそばにいれば、その人と比べて劣等感を感じるのは自然なことでしょう。劣等感を不快に感じる人は、D族のそばにいることを避けようとするかもしれません。

最後に、各ライフスタイルの理想状態とそれから起こる愛用する感情を見てみましょう。愛用する感情というのは、ライフスタイルによって、よくこのような感情になるというものです。

A族は、理想状態は「私は面倒を見られるべきだ」だと思っていますので、「面倒くさい」という感情がよく出てきます。

B族は、理想状態は「私は愛されるべきだ」だと思っています。愛用する感情は「不安」です。だれかに嫌われないかと心配するからです。

C族は、理想状態は「私は上に立つべきだ」だと思っていますので、よく「怒り」の感情を持ちます。上に立っていても何割かの人は従わない人がでてきますので、「あいつらはしょうがないやつらだ」と思って怒るのです。

D族は、理想状態は「私は成功するべきだ」だと思っています。愛用する感情は「憂うつ」です。なぜなら、どんなに努力をしてもパー

	A	B	C	D
最優先目標	安楽でいたい	好かれたい	リーダーでいたい	優秀でありたい
苦手なこと	苦労すること	のけものにされること	服従すること	無意味な時間
苦手なことを避ける方法	一番安楽な道を選ぶ	他の人を喜ばせる	他の人をコントロールする	人一倍努力する
強み（資産）	気楽さ	親密さ	リーダーシップ	なんでもできる
弱み（負債）	成長がない	自分がない	かたくな	背負いすぎる
まわりの人が抱く印象	いらいらする	信用できない	反発する	劣等感を感じる
愛用する感情	面倒くさい	不安	怒り	憂うつ
理想状態	私は面倒をみられるべきだ	私は愛されるべきだ	私は上に立つべきだ	私は成功するべきだ

各ライフスタイルの特徴

フェクトにはならないですし、さらに高い目標が出てくるからです。ですので常に努力をしなくてはなりません。それで疲れて憂うつになるというわけです。

それぞれのライフスタイルが違うからこそ協力の意味がある

ここまで、4つの典型的なライフスタイルの特徴を見てきました。注意してほしいのは、どのライフスタイルが優れているとか劣っているということはないということです。それぞれのライフスタイルに良いところがあり、同時に悪いところもあるのです。

重要なことは、自分自身のライフスタイルは小さいときから慣れ親しんでいるために、あまりにも自然なことで、自分自身で気づきにくいということです。自分のライフスタイルは自分ではわからないものなのです。

その一方で、まわりの人に対しては、「あの人はああいう人、この人はこういう人」というように判断をしています。しかし、その判断が決めつけになってしまうと、他人とのつきあいに支障が出るかもしれません。そもそもその判断は間違っているかもしれませんし、たとえ合っていたとしても、人は常に変わる可能性があるということを見逃してしまうからです。

ここで説明したライフスタイルは、「対人関係優先か、課題解決優先か」という軸と、「能動的か、受動的か」という軸を使って分類するものです。その人の最優先目標を探ることによって、その人の判断や行動の傾向を予測することができます。さらに、自分自身のライフスタイルを知ることによって、お互いにどのような協力関係を築いていけばいいかを考えるためのヒントになるでしょう。

もちろんライフスタイルは一人ひとりが少しずつ違っています。誰一人として自分と同じ人はいません。4つの典型の中で、どこに属するのかはっきりしない人もいるでしょう。それが実際のところです。社会は典型的な人たちだけで構成されているわけではありません。また、ライフスタイルは固定的なものでも、絶対的なものでもありません。個人が決心することによって、いつでもライフスタイルを変えることができます。

しかし、**ライフスタイルという枠組みを使うことによって、自分と相手との関係性を考えるための手助けとなることは確実です。**また、そうすることによって、相手とどのように協力していけばいいのかを考えるヒントになるでしょう。

家族布置と早期回想によるライフスタイル診断

この章で使ったライフスタイル診断は、類型的に見たときに自分や他者がどのようなところに位置しているのかを、あくまでも一般的に測ろうとするものです。もしあなたがアドラー派のカウンセラーやセラピストのところに相談しに行けば、家族布置や早期回想といった手法を使ったライフスタイル診断を受けることができるでしょう。

家族布置というのは、自分が育った家族の雰囲気や両親の性格や価値観、出生順位によるきょうだい関係といったことを手掛かりにしてライフスタイルを見るものです。ライフスタイルが固まるのはだいたい5歳前後、遅くても十歳までと考えられています。子どもが生まれて、まず最初の他者として関わるのが家族ですから、ライフスタイルの形成において家族の影響は大きいといえます。

出生順位もライフスタイルの形成に影響を与えています。たとえば、第一子は、弟か妹が生まれるまでの間は、親の関心のすべてを独占することができます。しかし、下の子が生まれると同時に、親の関心はその子に奪われてしまったと感じることでしょう。それに対して、自分はただこねやいたずらをすることで親の関心を奪い返そうとするのか、あるいは下の子の面倒を見ることで親からの良い評価を得ようとするのか、あるいはもっと違った選択肢を選ぶことになるのか、それはその人が決めることになります。こうした判断がその人のライフスタイルの一部分を作ることになるでしょう。

とはいえ出生順位がすべてを決めるのではありません。出生順位を含めた、家族布置をその人自身がどのようにとらえたかということで、自分のライフスタイルを決めていくのです。

早期回想とは、自分の人生のもっとも最初の記憶のことです。アドラー派のカウンセラーは早期回想を材料にしてその人のライフスタイルを診断することができます。この場合の「記憶」とは、それが原因になって現在に影響しているという原因論的な捉え方ではなく、逆に、現在の生き方、つまりライフスタイルが、初期の記憶に反映されているという捉え方をします。つまり、初期の記憶をそのように思い出すのには何か目的があるという目的論的な考え方に基づいているのです。ですから、何を思い出すのかが問題なのではなく、それをどのように語るのかが観察すべき点となります。そこには現在のライフスタイルが反映されているはずです。

Column

社会統合論 ライフスタイルは他者との関係性で作られる

思春期になると「自分とはいったい何なのか」ということが気になってきます。就職活動をする時期になると「自己分析」として、自分はどんなことがしたいのかや、自分の特徴はどんなことで、それに合っている職種は何か、というようなことを考えなくてはなりません。老年期に入っても、自分のこれまでを振り返って、「私の人生はいったい何だったのか？」というようなことを考えるでしょう。エリック・エリクソンはこれを「自我同一性」あるいは「アイデンティティ」と呼びました。人間は生涯にわたって、自分とは何かということを軸に発達していくというのがエリクソンの考えでした。

さて、自分のアイデンティティは何によって決まっていくのでしょうか。ひとりで「自己分析」をすることで、それはわかるものなのでしょうか。あるいは「自分探し」としてどこか知らないところに一人旅に出ることによって、わかるものなのでしょうか。

アドラーは、その人のライフスタイルは他者との関係性の中で作られると主張しました。よく考えてみれば、自分が自分であると認識できるのは、自分が他者の間にいるときです。他の人と一緒に行動したり、話したりすることによって、「ああ、彼らは自分とは違う。自分はこうだ」ということに気づくのです。エリクソンもまた、アイデンティティは対人関係や社会や文化の中での適応的な過程によって発達すると考えていました。

アドラーのこの考え方を「社会統合論」と呼びます。人は社会、つまり対人関係の中に「埋め込まれている」のです。社会を離れて一人で暮らすことはできません。社会の中で自分自身を発達させていくのです。

そう考えれば、一人で「自己分析」をしても、「自分探し」のために一人旅に出ても、あなたはあなた自身を理解することはできないでしょう。あなた自身を理解するために有効な手段は、対人関係の中にあるのです。

講義の締めに：アドラーの言葉

われわれに関心があるのは、過去というよりは未来である。
そして、未来を理解するためには、
ライフスタイルを理解しなければならない。

――アルフレッド・アドラー『個人心理学講義』（アルテ）より

第4章

あなたはなぜそう「認知」するのか ― 仮想論

世界をありのままに見ているという錯覚

では、今日のテーマにまいりましょう。今日のテーマは「認知」ということを取り上げたいと思います。認知というのは、私たちがまわりの世界をどう見て、どう解釈しているかということです。

私たちは、自分のまわりで起こっている出来事を「ありのまま」に見ていると思っています。確かに、自分の目で見たこと、耳で聞いたこと、肌で触れたこと、舌で味わったこと、鼻で嗅いだことは、本人にとっては「ありのまま」のことです。これを知覚された情報と呼びましょう。しかし、この知覚された情報が「いったい何なのか」ということを考える段階になると、場合によってひとつには決まらなくなります。これが「認知」です。

たとえば、図(a)を見てください。これは「ルビンの壺」という図版です。知覚された情報は同じであるにもかかわらず、見方によって「黒い壺」が見えたり、「白い二人の横顔」が見えたりします。

(a) ルビンの壺

ただし同時に2種類のものは見えません。

　図(b)はどうでしょうか。小さな紙を山折りにして、山の側を上にして手のひらにおいた写真です。じっーと見つめていると、紙がこちらにへこんだ側を見せて、立っているように見えてきませんか。

　図(c)には、子どもとバイオリンが描かれていることは明らかです。では、この子はいったい何を考えているのでしょうか。これを推測するためには、知覚された情報を自分で「解釈」することが必要になってきます。たとえば「子どもはむりやりバイオリンを習わされていて、もうやめたいと思っている」と解釈する人もいるでしょうし、また「この子はバイオリンを弾くのがとても好きで、明日の演奏会にどの曲を弾こうかと考えている」と解釈する人もいるかもしれません。

　このように知覚された情報は同じでも、その認知は人によってさまざまなのですね。たとえて言えば、私たちはそれ

(b) 立ち上がる紙

(c)バイオリンと少年(有名な心理検査の一枚を模した図)

それに「自分用のメガネ」をかけ、それを通して世界を見ているのです。この「自分用のメガネ」というのが、その人の「認知」ということです。自分用のメガネは、いつでもかけていますので、普段はそれに気づきません。しかし、実際は、自分専用のメガネをかけて世界を解釈しているのです。そして、そのメガネはいつでも変えることができるのです。

Work

リアル投影法

さて、それではワークに入りましょう。今日のワークは「リアル投影法」というゲームです。今回はひとりではできませんので、友だちや家族に頼んで2人以上のグループでやってください。

グループでジャンケンをします。勝った人が、なんでもいいので何かを思ってポーズと表情を作ってください。どのようなポーズでも、表情でもけっこうです。

他の人は、その人が何を考えているのかを推察して、それを言います。その人のポーズと表情から、過去と現在にこのようなことが起きて、このようなことを考えていて、未来にはこうしようと思っているのではないかというストーリーを作ってください。

全員のストーリーが披露されたら、最後に、その人自身は実際にはどんなことを考えていたのかという種明かしをします。

誰もが自分自身の考えを「投影」している

はい、ありがとうございました。では「リアル投影法」ゲームをやってみた感想を聞いてみたいと思います。

Aさん 神妙な表情をつくってみたところ、そこそこ納得のいく答えをもらえました。何かをやり過ごそうとしているように見えたそうです。最近あった嫌なことを思い浮かべ、関わらずにすんだらいいな、と考えながらの表情でした。

Bさん 親指を前に立てて「いいね！」というポーズをしました。他人を賞賛するポーズのはずが、人に厄介事を押し付けているように見えたそうです。「お前にまかせた！」というような。深層心理的には当たっているかもしれませんね。

Cさん 何かを思案中のポーズを取りましたが、頭の中では今週の献立について考えていました。けっこう近い答えを出されてしまったのでびっくりしました。

はい、ありがとうございました。これは人の心理を当てるゲームというわけではありません。自分がこう思って行動しているのに、他の人たちはいかにでたらめな想像をしているのかということを体験してもらうワークなのですね。それにしては意外と当たっているところもあったのですが。

ようするに、まわりの人たちは私のことなんかきちんと見てはいないのです。見ていたとしてもたいていは的外れなのですね。もちろん「ご飯のことを考えている」というように当たる場合もありますけれども、たいていは、その人の考えを当てるというよりは、自分自身の考えを「投影」しているというのが本当のところなのです。

自分の信念に基づいて世界を認知している

「リアル投影法」ゲームで実感したように、私たちは他の人たちや、もっと広くいえば世界を「ありのままに」認知しているということはありません。図を見てください。外の世界で、ある事柄が起こります。それを、目で見たり、耳で聞いたり、手で触れたり、舌で味わったり、鼻で嗅いだりして、感覚情報として入ってきます。その情報を処理するのは、頭の中の脳の仕事になります。これは何だろう（認知）と考え、どうすればいいのか（思考）を考えて、ではこうしよう（決断）と判断します。そして、そのあとに筋肉を動かして行動するということになります。

たとえば、やかんでお湯を沸かしているとしましょう。ピー

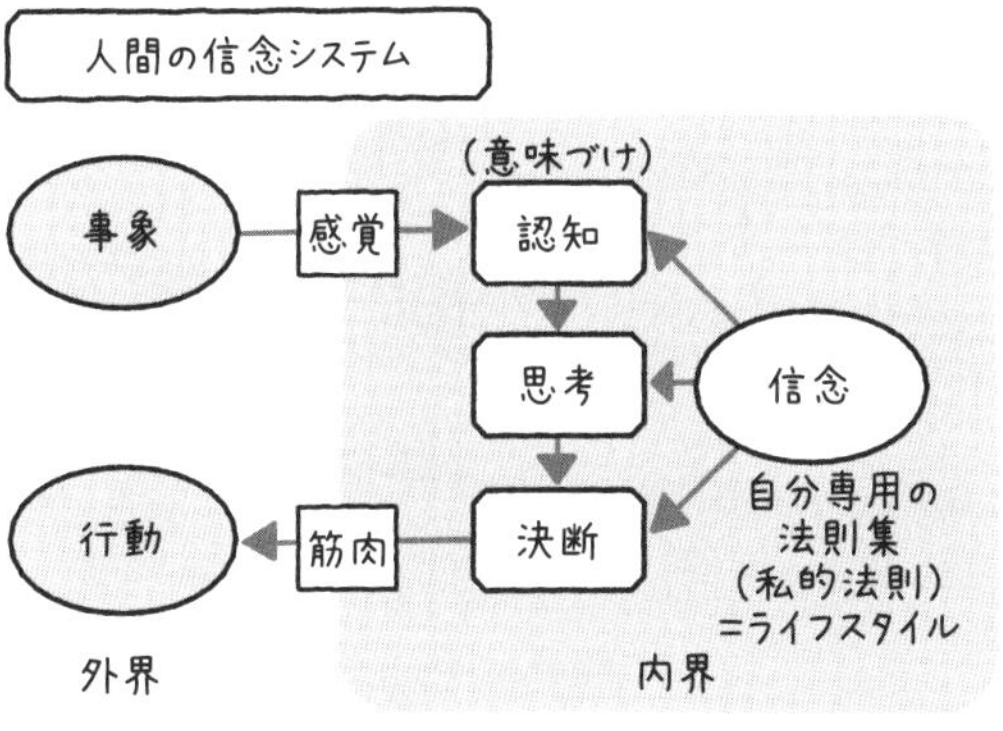

私たちは世界をありのままに見ていない

と音がします。そうするとお湯が沸いたと認知します。そうしたらガスを止めようと判断して、筋肉を動かしてガスを止めるというわけです。お湯が沸いたかどうかぐらいの判断は簡単にできます。しかし、やかんではなくて、人間の場合は、ちょっとした動作や表情しか手掛かりの情報がありません。やかんのように、ピーと言ってくれる人がいればわかりやすいのですが。

「私は今怒ってる」とか「私は今愉快だ」というようにわかりやすい人ばかりであれば単純ですけれども、たいていはそうではありません。微妙な表情や、微妙な言葉から、この人はどういうことを考えているのかということを、脳の中で判断しているわけです。そして、これはだいたい間違っているのです。ワークでやったとおりのことなのです。

なぜ間違うのかというと、私たちは一人ひとりがそれぞれの信念を持っています。世界はこういうところだ、他の人たちはこういうものだというふうに、信念を持っているのです。この信念は、認知、思考、決断のすべてにおいて影響を与えます。ですので、**私たちは「ありのままに」世界を見ているわけではないのです**。

たとえば、ほおづえをついてぼーっとしている人がいるとしましょう。

ある人は、「この人は深い悩みにとらわれていて明日にでも自殺するかもしれない」と認知します。

「世界は不幸なところだ」という信念を持っていれば、そのように投影するのです。実際は、ほおづえをついている人がそうだというわけではなくて、自分の信念をその人に投影したということなのです。

一方で、同じ人を見て、「この人は今悩んでいるみたいだけど、明日はがんばるだろう」と認知する人もいます。違いは、その人の信念がそういうものだということです。

アドラーはこのように考えました。私たちは世界の中に住んでいるんだけれども、その世界は客観的に見ているわけではなくて、自分の信念にしたがった意味づけに基づいて見ているのだということです。

信念メガネをかけていると世界はそのように動く

自分の信念の影響を受けながら私たちは世界を意味づけています。これを「信念メガネ」をかけていると呼びましょう。信念メガネをかけて見る世界は、本当の世界とは違うものです。しかし、実際のところは、本当の世界というものはなくて、自分が見ている世界しかないのです。ですから、自分が見ている世界は、あたかも現実の世界である「かのように」見ている世界です。

このことを「かのように理解（as if understanding）」と呼びます。本当は違うのだけれども、まるでそうであるかのように考えているのです。あなたが見ている世界は「かのように理解」なのです。あの人は敵だと思えば、そうなります。あの人は私の悪口を言っているということを人づてに聞くと、それが単なる噂であっても、その人が私の悪口を言っているということでバイアスがかかるので、その人のあらゆる行動が自分に敵意を向けているように見えるのです。そうすると、こちらもその人に対して敵対します。そうすると相手も私に対して敵対して、しまいには本当の敵同士になります。

しかし、もし相手が自分の仲間だと思っていれば、そのように交流してくるわけです。たくさんコミュニケーションするようになります。それでますます分かり合って、やはりいいやつだということになって、生涯の友人になったりするわけですね。

すべては自分の「信念メガネ」の影響です。心理学では、「ピグマリオン効果」という現象が知られています。これはある実験で、先生に「クラスの生徒の中でこの子は、本人は気がついていないかもしれないけれども、ＩＱが非常に高い子なのです」と知らせます。実はそれはウソで、普通の子なのです。ウソの情報を先生に教えて、そうして、1学期、2学期の間過ごします。そうすると不思議なことにＩＱが高いとされた子どもの学力が本当に上がるのです。

なぜかというと、先生が「ＩＱが高い子なんだ」ということを思い込んでいるからです。もちろん先生としては、ＩＱが高いかどうかにかかわらず、すべての生徒を公平に扱っているつもりです。しかし、「ＩＱが高い子だ」という信念メガネをかけているので、気づかないうちに、他の子よりも少しだけ手をかけるのです。そうするとその子は、「先生が手をかけてくれたので、ちょっとがんばろうかな」と思ってがんばるわけです。そのことによって、先生は「ああ、この子はやはり本当に頭がいいのだ」と思い込みを強くするわけです。それで、ますます手をかけるようになります。こんなふうにして、本当に成績が上がっていきます。これが、ピグマリオン効果として知られている現象です。

逆もまたあります。「この子は、本当はＩＱが低いのです」と言われると、知らないうちにぞんざいに扱って、どんどん成績が悪くなります。生徒が、先生から正当に扱われていないと感じて、成績が悪くなっていくのです。こんなふうに、その先生が持っている思い込みによって、自分の行動が変わり、その影響で相手が変わり、それで自分の思い込みがさらに強くなるのですね。

ですから、自分がどのような世界を想定しているかによって、自分の行動が変わるということがよく分かります。これが信念メガネの恐るべき力です。

信念メガネを取り替えるのは難しい

それぞれがかけている信念メガネは多かれ少なかれ歪んだものです。まったく透明な信念メガネはありません。なぜならば、世界を解釈し、意味づけるためには、その土台としてなんらかの信念が必要だからです。これが「人は意味づけの世界に生きている」とアドラーがいったことです。

では、信念メガネを取り替えることはできるのでしょうか。その人の決心次第で、それは可能です。しかし、私たちは自分の信念メガネをなかなか取り替えようとはしません。その理由のひとつは、自分の信念を長い期間に渡って育ててきたからです。大事に育ててきた信念を、きっぱりと捨て去るのは難しいことでしょう。

もうひとつの理由は、特定の信念メガネをかけていると、そのとおりに事態が進むように見えるということがあるからです。たとえば、世界は危険なところだと信じている人は、他の人にとっては些細なことであっても、必要以上に警戒します。その結果として、ごくわずかでも危険に見えるようなことを「発見」してしまうのです。そして「やはり世界は危険なところなんだ」という自分の信念メガネをさらに信頼することになるわけです。こうした現象を「自己充足的予言」と呼ぶこともあります。たとえ自己充足的予言であっても、信念メガネが未来の予測に役立っている限り、私たちは信念メガネを替えようとはしないのです。

信念メガネを強制的に変える方法が「洗脳」です。洗脳するためには、今持っている信念メガネを捨てさせることが最初のステップです。たとえば、苦しい修行や拷問に近いことをさせることによって、思考や判断することをできないようにします。思考や判断ができなくなると、信念メガネをかけている必要がなくなりますので、今かけている信念メガネが徐々に弱くなっていきます。そうして、信念メガネがなくなったところで、新しい信念メガネをかけさせます。信念メガネがなくては生きていけませんので、新しい信念メガネが自分のメガネになります。これが洗脳の原理です。

洗脳以外の方法で信念メガネを取り替えるのは難しいことです。しかし、自分が世界を見る方法は常に信念メガネを通してみているのだということを意識することによって、自分の信念を柔軟にしていくことは可能です。自分がメガネをかけているということがわかっていれば、自分が見ている世界が必ずしも正しいものではないということに気づくでしょう。そして、あなたは別の世界の見方を獲得できるでしょう。

Column

仮想論 あなたは自分の好きなように世界を見ている

私たちは何の疑いもなく、世界をまるでそうである「かのように理解」しています。しかし、それは自分の好きな「信念メガネ」をかけて見ているのです。これを「仮想論（fictionalism）」と呼びます。その反対は「客観論（objectivism）」です。客観論では、私たちは世界をありのままに認知することができるという立場を取ります。しかし、この章で見てきたように、私たちが世界を認知するやり方は、常に自分が作りあげてきた信念の影響を受けているのです。

アドラーはこんなふうに言っています。人間は周囲の状況をありのままに感受するのではない。自分なりの認知の構図にしたがって感受する、と。これは、言い換えると、人間は自分の関心という先入観を通してしか状況を感受しないということです。ですから、自分がこれはおもしろいなと思ったこと以外は覚えていないのです。

おもしろいなと思ったことだけが記憶に残るのです。その人の関心がどのようなところに向いているかは、その人の個性しだいで、千差万別です。ですから、自分が見ている世界と、他の人たちが見ている世界は違って当然です。それぞれの人の関心は違うものなのですから。

もし、一人ひとりの認知の仕方がまったく違ったものであるならば、お互い同士が理解し合うことは難しいのではないか、と考える人もいるでしょう。そのとおりです。そのせいで、さまざまな対人関係の場面で、誤解や衝突が起こるのです。こうしたトラブルは、お互いの認知の仕方が違っていることに起因するものです。自分は、こうすることが当たり前だと考えているのに、相手はそう考えていない。そのときに行き違いが発生します。

自分だけに通用するルールや論理をそれぞれの人が持っています。これを「私的論理（private logic）」と呼びます。私的論理はあくまでもその人だけに通用するルールなのです。それを、相手にまで適用しようとするとトラブルになります。相手もまた同じように、自分の私的論理を持っているからです。

相手とわかり合い、協力するためには、自分の私的論理を手放して、相手と共有できる論理を見つけ出していくことが必要です。これを「共通感覚（common sense）」と呼びます。共通感覚を見つけ出していくことが、言葉でのコミュニケーションの重要な役割なのです。私たちが、長い時間と労力をかけて言葉を学び、言葉が使えるようになる目的は、相手とのコミュニケーションをすることです。なぜコミュニケーションをするかというと、他者との共通感覚を見つけ出すためなのです。
私的論理だけで生きていると、自分の好きなように世界を見るだけです。しかし、他者とのコミュニケーションをして、共通感覚を身につけることによって、他の人々がどのように世界を見ているのかを知ることができます。その中から、お互いに合意できる世界の見方を作っていくことができるのです。

講義の締めに：アドラーの言葉

意味は状況によって決定されるのではない。
われわれが状況に与える意味によって、自らを決定するのである。

――アルフレッド・アドラー『人生の意味の心理学〈上〉』（アルテ）より

第5章

あなた全体は誰が動かしているのか ― 全体論

あなたは無意識に目的のために行動している

では、今日のテーマにまいりましょう。今日は、「無意識」ということを取り上げたいと思います。

私たちは、意識せずについやってしまうことがあります。それが何でもなければ問題はありません。しかし、ちょっとした失敗になることもあります。たとえば、仕事から帰ってきた夫を玄関で出迎えた妻が「いってらっしゃい」と言ってしまう。もちろん「お帰りなさい」と言うべきところです。また、どうも気の進まない会議の司会をしなければならなくて、最初に「では会議を終わります」と言ってしまう。もちろん「では会議を始めます」と言うべきところですね。

こんなふうに自分の言動をコントロールすることができないことがあるわけです。そしてこれを「無意識」がやったことだと言ったりします。「無意識」という概念は、ジークムント・フロイトが提起しました。無意識が本当にあるのかどうかはわかりません。しかし、無意識という概念を仮定してみると、うまく説明できる現象があります。例に出した「言い間違い」のケースなどは、まさに「無意識的に言い間違えてしまった」というものにあてはまるでしょう。

無意識というものが実際にあるかどうかはわからないと言いました。自分自身が意識できないもの、それを「無意識」と呼ぶわけですから、それが本当にあるかどうかはわかりません。とはいえ、私たちは自分の行動や思考のすべてを意識しているかというと、そんなことはありません。いつでも「ああ、今自分はこんなことを考えている」とモニターしているわけではありません。そう考えると、むしろ私たちが意識できる部分の方が、ごくわずかなものであって、それ以外の大部分は「意識せず」に活動していることだと考えた方が実態に合っているかもしれません。

こんにちの私たちは、「無意識」という言葉を普通に使います。「そうなんです。無意識のうちにこんなことをしてしまったのです」というようなことを言うわけです。今回は「無意識」ということを考えてみたいと思います。それでは、ワークに入っていきましょう。

Work

無意識さんのせいですよ

さて、それではワークに入りましょう。今回のワークは、「無意識さんのせいですよ」ワークです。今回のワークはひとりでもできますけれども、グループでやったほうが効果的です。

まず、ちょっと失敗してしまったなと思ったこと、あるいは、ちょっと後悔していることをひとつ思い出して、手元のフセンに書いてください。たとえば、料理をしていて、塩の代わりにお砂糖を入れてしまったとか。

全員が書き終わったら、ジャンケンで順番を決めます。

ひとりずつフセンに書いたことを発表します。それを聞いたグループのメンバーは、「それを無意識にやってしまったのですよね」と言います。そうしたら、言われた人はそれを受けて、どのような感じがしたのかを言います。これでワンセットです。終わったら次の人に進んでください。

はい、それでは「無意識さんのせいですよ」ワークではどんなことが出たでしょう。では、ちょっと失敗してしまったことを言ってください。そうしたらみんなで「無意識さんのせいですね」と言います。

Aさん 友達とすれ違ったときには気づかず、気づいたときには通り過ぎていました。

みんな 無意識さんのせいですね。

Aさん 本当に無意識で、その瞬間には気づかないのです。

向後 「無意識さんのせいですね」と言われたとき、どのような感じがしましたか。

Aさん なんとも思いませんでした。普段やってしまうことだからでしょうか。

向後 そのとおり無意識ですよね。ありがとうございます。

Bさん もらったプレゼントをカバンに入れっぱなしにしていて、今日も持ってきてしまいました。カバンが重くて後悔しました。

みんな 無意識さんのせいですね。

Bさん でも何の無意識なのでしょうか。

向後　何の無意識でしょうね。それは後で考えましょう。

Work

全部私が決めたのです

それでは、もうひとつワークをやりましょう。前のワークと違うところがひとつだけあります。先ほど書いた、ちょっと後悔していること、ちょっと失敗してしまったと思っていることを、同じようにひとりずつ発表してください。それを聞いた他の方は、今度は、「全部あなたが決めたのですね」と言います。それを受けて発表者は、「そうなんです。全部私が決めたのです」と言います。そう言ってみて、どのような感じがしたかを振り返ってみてください。

よろしいでしょうか。ではお願いします。

Cさん　子どもの名前をよく言い間違えます。上の子の名前を言おうと思ったときに、下の子の名前を言ってしまいます。

向後　その言い間違いは…。

みんな　全部あなたが決めたのですね。

Cさん　でも変えられないです。親がそもそもそうなので。

向後　すみませんが「そうなんです。全部私が決めたのです」と言ってもらえますか。ゲームですので。

Cさん　そうなんです。全部私が決めたのです。

向後　はい、ありがとうございます。

Dさん　上司の上着をほめたら「着てみる？」と言われたのですが、思い切り「遠慮します」と言ってしまい、ちょっと後悔しました。

向後　でもそれは…。

みんな　全部あなたが決めたのですね。

Dさん　はい、私が決めました。

Work

それは何のためだったんでしょうね

それでは、最後にもうひとつワークをやりましょう。
今度は、「そうなんです。全部私が決めたんです」と発表した人が言ったら、他の人は、「それは何のためだったんでしょうね」と聞いてあげてください。その人は、その行為の目的が何だったのかを考えてみましょう。そして、何か思いついたら言ってみてください。もし、考えつかなかった場合は、そのままでけっこうです。

よろしいでしょうか。では、お願いします。

Eさん 本当は好きな人に気のない素振りをしていたら、嫌われたことがありました。

みんな それは何のためだったんでしょうね。

Eさん その人がとても人気者だったので、逆に冷たくあしらうのがいいかと思ったのです。

向後　自分はその人が好きだったのに？

Eさん　そのほうが印象に残るかと思って。

向後　でも結果は逆効果だったのですね。

Eさん　はい。

向後　自分としては、その人のことが好きだったのですよね。その人から好かれたいと思っていたのですよね？

Eさん　はい、好かれたかったのです。

向後　おもしろいですね。本心と逆のことを言ってしまうことがあるのですね。ありがとうございます。

Fさん　甘いお菓子を作るときに、砂糖ではなく塩を入れてしまって、しょっぱくなってしまいました。

みんな　それは何のためだったんでしょうね。

Fさん　今思えば、長い時間お菓子作りに縛られていたので、早くその場を逃げたかったのかなと思います。

向後 だからつい塩を入れてしまったのでしょうか。料理を作ることに縛られているのが嫌だったんですね。どうもありがとうございます。

内的な葛藤はなく、目的のために協力し合う

今回のワークは「無意識」というものに焦点を当てました。私たちが、言い間違いやちょっとしたミスをしてしまうときに、そこには無意識的なものが表れているというのが、フロイトの考え方です。これを「フロイト的言い間違い」と呼んだりします。

このように、本当はそう行動してはいけないとわかっているのに、つい「無意識」のうちにやってしまうということは日常的にあります。たとえば、ダイエット中だから食べ過ぎてはいけないのに、つい食べ過ぎてしまう。パチンコをやめようと思ったのに、ついパチンコ店に入ってしまう。理性ではお酒を飲んではいけないとわかっているにもかかわらず、ついお酒を飲んでしまうというようなこともあります。

このようなとき、自分の中では「葛藤」つまり対立のようなことが起こっている感じがするかもしれません。「意識」では酒を飲んではいけないとわかっているのに「無意識」がそれをさせてし

まう。「理性」では勉強しなくてはいけないとわかっているのに「感情」がそれをできなくさせてしまう。「気持ち」では学校に行きたいと思っているのに「身体」が動かない。このように「心と身体」、「意識と無意識」、「理性と感情」といった自分の内部で葛藤が起こっているように感じることがあります。

しかし、アドラー心理学では、「内的な葛藤はない」という考え方を採ります。「心と身体」、「意識と無意識」、「理性と感情」という区別はあるとしても、それらはお互いに協力し合って、個人の目的のために協力し合って動いていると考えるのです。

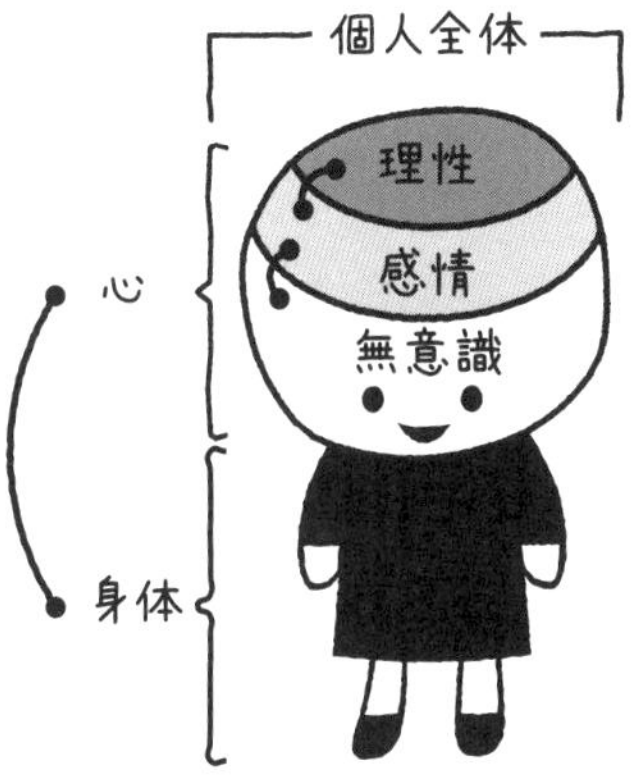

アドラー心理学では内的な葛藤はなく、
協力し合っている

個人全体として目的を目指して行動する

第2章で、アドラー心理学では目的論を採用することを説明しました。人間行動を理解するためには「原因→結果」という因果律ではなく、その人が何を目的にしているのかを考えると、その人の行動が予測しやすくなり、その結果として対処もしやすくなります。

反対に、原因論を採用すると、予測は難しくなります。なぜなら、原因となりうる要因がたくさんあるからです。その人の年齢や性別や職業といった属性、その人の現在までの生育歴、たくさんの偶然的な要素というように、どれが決定的な原因であるという特定は不可能です。さらには援助計画も立てにくいものになります。なぜかというと、原因は過去に起こったことですので、もう取り除くことができないものになってしまっているからです。

しかし、目的論を採用すれば、「あなたが学校に行かないのは、何か目的があるはずです」というようにアプローチしていくことができます。そして「では、その目的を明らかにしていきましょう」と進めていきます。実際は、その目的というのは、先ほどのワークでやってみたように、本人も分からなかったりするのですね。

しかし、**決めているのは最終的には、その人個人です**。その立場をとれば、必ずその目的を見つけることができます。デートの途中でお腹が痛くなるのも、何か目的があるわけです。朝食べたものが変だったとかではないと思います。デートのときに変なものは食べませんよね。お腹が痛くなることで果たされる目的が何かあるわけです。このように考えるのが目的論の考え方です。

では、この目的というのはいったい誰の目的なのかというと、その人個人、全体としての目的です。個人とは何かというと、心と身体、意識と無意識、理性と感情を全体として統合しているものだと考えるわけです。内的に葛藤していることが原因だと考えると、生き方を変えるのは難しいでしょう。自分のどの部分が主導権を握っているのかわからないからです。しかし、個人全体が目的を持って決断し、行動しているのだと考えれば、明日からでも生き方を変えることができるでしょう。

Column

全体論　個人としての全体が心身を動かしている

アドラー心理学では、意識と無意識、理性と感情、心と身体、これらすべてはお互いに対立することはありません。つまり、「内的な葛藤」はなく、意識と無意識、理性と感情、心と身体といったすべては、「個人」という一貫した全体の中で、お互いに協力し合っているということです。

全体を決めているものを「個人（individual）」と呼びます。individualという単語は、「in」（できない)」と「divide(分割する)」という部分からなっています。つまり「分割できないもの」という意味です。アドラー心理学は「分割できない全体としての個人」を扱う心理学なので、アドラー自身は「individual psychology(個人心理学)」という名前をつけました。ここでいう「個人」というのは、単なる「一人の人」という意味ではなく、「分割できない全体としての人間」という意味です。

現代文明の世界に生きている私たちは、自動車やパソコンやビルが精密に設計された部品から組み立てられていることを知っています。何万という部品を正しく組み立てれば、自動車のような便利な道具ができます。逆に、一度組み立てた機械は、分解して個々の部品に戻すことができます。そこでもしだめになった部品があれば、別の新しい部品を入れ換えればいいわけです。このような考え方を「要素論」と呼びます。近代科学は、要素論的な考え方によって飛躍的に発展しました。

これに対して、植物や動物など生きているものは、要素論では考えることができません。たとえば、木の枝を一度切ってしまうと、それは元通りにくっつくことはありません。つまり、生き物はその時点で全体として生きているわけです。そして、その全体は常に成長していきます。このような考え方を、要素論に対して「全体論」と呼びます。

私たち人間も生き物ですので、それは自動車の部品のようにできているわけではありません。心と身体を分解することもできませんし、意識と無意識を分解することもできません。理性と感情も分解できません。それらは、常に全体として働いているものなのです。

講義の締めに：アドラーの言葉

意識と無意識は同じ方向へと一緒に進んでいくのであり、しばしば信じられているように、矛盾するものではない。その上、意識と無意識を区別するはっきりとした境界線はない。

――アルフレッド・アドラー『個人心理学講義』（アルテ）より

第6章

あなたの人生は誰が決めているのか――個人の主体性

やるべきだとわかっていてもできないのはなぜか

では、今日のテーマにまいりましょう。今日は、「自己欺瞞」ということを取り上げたいと思います。「自己欺瞞」というのは難しい漢字ですね。自分を欺く、自分に嘘をつくという意味です。

「目的論」でやったとおり、人間はいつでも、今日よりは明日のほうが良くなろうという方向性を向いて生きています。それは、ひとつは生物学的な目的です。明日も元気に生きていこう。それからできれば家族を作って、子孫を増やしていこう。これが生物学的な目的です。次に、社会学的な目的です。人はどこかにようまく所属しようということを願っています。職場でも、サークルでも、家族でも、その中に安心できる自分の居場所を見つけようとしています。最後に、心理学的な目的です。自分自身で決めた目標、つまり人生目標というものに向かって進んでいこうと思っています。こんなふうに、あらゆる側面において、今日よりも明日のほうが良くなろうと思って生きているのです。

こうした目的をうまく追求していければいいのですけれども、そうは簡単にはいきません。人間は社会の中に埋め込まれた存在ですので、まず対人的な問題が出てきます。これは、ライフスタイルの章で扱いました。対人的な問題は、自分自身のライフスタイルと相手のライフスタイルを理解することによって、なんとか乗り越えていくことができそうです。

もうひとつの問題は、自分自身の扱いです。全体論で述べたように、自分自身を動かしているのは全体としての個人（individual）です。しかし、「こうした方がいい、これをやるべきだ」とわかっていても、なかなかできないことがあります。人間は脳を持っていて、言葉も操れますので、いろいろな言い訳を考え出すのですね。たとえば「今はこれをやるべき時じゃない」とか「もう少し準備をしてからの方がいい」というようなもっともらしい言い訳を考え出します。でも「やらなくてはならない」ということは知っているのです。これを「自己欺瞞」と呼びましょう。

それでは、ワークに入っていきましょう。

いつかこうしたい（でもできない）

さて、それではワークに入りましょう。今回のワークは、「いつかこうしたい（でもできない）」ワークです。今回のワークはひとりでもできますし、ペアやグループでもできます。

ではまず、自分に関することで、いつかこうしたい、こうなりたいと思っていることをフセンに書いてください。ペアやグループの場合はじゃんけんをして順番を決めます。

順番に一人の人が、「いつかこうしたい、でも今はできない」と発表します。それを聞いた人は、「できないのはなぜですか」と聞きます。発表した人は、その理由を考えて「なぜなら○○だからです」と言います。そうしたら、聞いている人は「あなたは何を怖れているのですか」と聞いてください。発表している人は、怖れているものを言います。もし怖れているものが見つからなかった場合は、「怖れているものはありません」と答えます。これが一連の流れです。

よろしいでしょうか。ではお願いします。

Aさん 世界一周旅行に行きたいです。でも今はできません。

向後 できないのはなぜですか。

Aさん お金がないからです。

向後 もし「お金は出しますので行ってください」と言われたとすれば、どうですか？

Aさん どうでしょう。実際はお金の問題でなく、妻を怖れているのかもしれません。

向後 奥さんの何を怖れているのでしょうか。

Aさん 何でしょうか。関係を切りたくない…というか、妻には嫌われたくない、好かれたい、という気持ちがあることに気づきました。「お金は出しますので」と言われたときに、「あれ、そういえば自分一人だけで行けるわけではないな」と思い、妻は大事な存在なのだなと感じました。

向後 ありがとうございます。

Bさん 何かのインチキ指導者になって、お金儲けをしたいです。でも今はできません。

向後 できないのはなぜでしょうか。

Bさん 誰かに何かを指導する技術がないからです。

向後 それは勉強すればできるようになりますよね。

Bさん そうですね。これからやってみようと思います。

向後 何か怖れているものはありますか。

Bさん 今まで気づかなかったのですが、実はいろいろと怖れが見つかりました。人に「あいつの言うことはデタラメだ、訴えてやる」とか言われるのは怖いです。

向後 でも、そのようなことにいちいち取り合っていたら、インチキ指導者はできませんよね。

Bさん 踏み出す勇気のない人がいて、私がインチキで導いてあげることでその人が実際に幸せになってしまう、ということになったらいいなと思っています。

向後 あれ？ 何かいい話になってしまいましたね（笑）。ぜひ勉強して、指導者になってください。

向後 私も将来は、インチキ教祖様になりたいです。美女をはべらせて、お金儲けしたいのですけれども。

助手 できないのはなぜですか。

向後 アドラー心理学をやっていますので、アドラー先生に怒られるかなと思います。

助手 何を怖れているのですか。

向後　まさに、アドラー先生を怖れています。心の師匠ですからね。いや、それは嘘だな。本当のところ、私は「インチキ」が嫌いなのです。

助手　どうもありがとうございました。

ということで、今日のワークは「いつかこうしたい（でもできない）」をやっていただきました。

「がんばれ」と言葉をかけることは勇気づけではない

いまやっていただいたワークの目的は何かと言いますと、このワークを通じて「勇気と怖れ」ということを感じてほしいと思ったのです。

アドラー心理学では、「勇気づけ（encouragement）」という言葉は、特別な用語です。英語のencouragementを「勇気づけ」という日本語に訳しています。しかし「勇気づけ」というと、「がんばれ、お前はできる」と言葉がけをするというように、表面的に受け取られてしまいがちです。

しかし、「がんばれ、お前はできる」と声をかけることとは、勇気づけとはまったく関係がありません。

アドラー心理学では、勇気のある状態というものを考えて、それは「ライフタスク（人生上の課題）を果たそうと決心している状態」であると定義します。ライフタスクについては、次の章で詳しく扱います。ここでは、仕事、交友、愛の領域における課題だと考えてください。人はこうした領域の課題に直面して、常にもっと良くなろうとしています。そうすることでライフタスクから逃げずに、それに向き合おうとするのです。そのような状態を勇気のある状態と呼びます。

では、勇気のない状態とは何かというと、反対に自分が直面しているライフタスクから逃れようとしている状態です。勇気のない状態になると、「怖れ（fear）」が現れてきます。何を怖れているかというと、ライフタスクに直面することです。

こう考えると、「がんばれ」と声がけすることと勇気が無関係であることがわかります。ライフタスクに向き合おうと決心すれば、人は自然にがんばるのです。ライフタスクに向き合っていない人に対して、「がんばれ」と言ったところで、その人がライフタスクに向き合うわけではありません。

アドラー心理学でいう「勇気づけ」とは、相手がその人自身のライフタスクに向き合うように援助することと定義されます。具体的には、その人が「自分には能力がある。人々は仲間だ」と思えるように援助するということが、勇気づけということなのです。「がんばれ」という言葉には方向性がありません。しかし、勇気づけでは、この人がどのようになれば、自分には能力があり、まわりの人々を仲間だと思えるかということを常に考えます。その方向を向くような支援をすることが勇気づけということなのです。

勇気を持てないときに自己欺瞞をする

自分のライフタスクに直面しようと決心することが、勇気を持つことなのだということがわかりました。では、勇気が持てないときに、人はどのようになるのでしょうか。そのときに「自己欺瞞」をします。「自己欺瞞」は、英語では self-deception、つまり自分を欺くこと、そしてドイツ語では Lebenslüge といいます。これはまさに「人生の嘘」という意味です。自己欺瞞は、自分に対して嘘をつくことです。ある行動をしなければならないことがわかっているのに、自分に嘘をついて、その行動を回避することを自己欺瞞と呼びます。

たとえば、小説家になりたいという希望があるとしましょう。その人の人生上の課題です。しかし「今はできない」と言うのですね。「なぜですか?」と尋ねてみると、「自分には才能がないから」と答えるわけです。これが自己欺瞞です。才能があるかどうかはやってみないとわかりませんので、とりあえず書いてみるべきでしょう。書いてみれば才能があるかどうかわかりますし、書き続けられるかどうかもわかります。その行動をしないで、「私には才能がないから書けないのです」と言えば、それは自己欺瞞になります。自分に嘘をついているのです。

人間は言葉を使えますので、あらゆる場面で自己欺瞞することができます。それは、子どものときからすでにそうなのです。「なんで勉強しないの」と聞くと、「今はやる気がないから」と言うわけです。それは反射的に出てきます。しかし、やる気がなくても勉強はできます。自分がロボットになったつもりでやればいいわけです。小説を書くのでも、ロボットになったつもりで小説を書けばいいのです。

私も原稿を書くとき、どうしてもやる気が出ないときがあります。そのときは、自分は「心がないロボット」なのだと思うようにします。この1時間は、字を書くこと以外は何もしないロボットになります。ロボットにはやる気はもともとないのですから、やる気のことは考えなくていいわけです。ただ書くだけです。ただ書いていくと何文字かは書けるのですね。

でもそうではなくて、「やる気おきないし、この先どうなるかわからないし、この本を書いても売れるかどうかわからないし、みんなが読んでくれるかどうかもわからないし、そもそも俺、書く才能ないんだよな～」ということをゴチャゴチャ考えると、自己欺瞞をつぶやいて1時間をつぶすわけです。行動としてみれば何もしなかったということになります。

自分には直面する仕事はもうわかっているのです。書くこと以外ないのです。書けばいいことはわかっています。そして書かなければいけないこともわかっています。だけど、自己欺瞞をします。自己欺瞞する方が簡単だからです。行動しなくてすむからです。動かすのは口だけです。

ですから、この自己欺瞞を今自分がやっているのだということを意識することで、あなたの人生はかなり良くなります。自己欺瞞で時間をつぶすことなく、行動することができるようになるからです。

自己欺瞞のしくみを知ってしまうと簡単には使えなくなる

このようなしくみで私たちは日々、多かれ少なかれ、自己欺瞞を使っています。便利だからです。ですけれども、一度自己欺瞞のしくみを知ってしまうと、使いにくくなります。自分で自己欺瞞しているな、ということがわかってしまうからですね。自分が自己欺瞞をしたときに、「これは自己欺瞞だよな。なんだ自分も普通の人間だな」というふうに意識できます。

　今まさに自分が直面している課題があるにもかかわらず、その失敗を怖れてやらない。そして、**やらない言い訳として自己欺瞞をすることもあるでしょう。しかし、それが自己欺瞞なんだという ことがわかっていれば、いつかできます。**怖れがあったとしても、それが小さくなるまで待ちます。いつかそのときは来ます。


　一度、自己欺瞞のしくみを知ってしまうと、他の人たちが自己欺瞞をしていることも、よくわかるようになります。そして、自己欺瞞をしている人に対して、そのことをつい言ってしまうこともあるかもしれません。たとえば、なかなか原稿が書けない人に対して、「あなたは書くことが課題なのだから、書かなければいけない。いちいち言い訳しなくていいから」と言ってしまう。

　アドラーは、こうした行為を「相手のスープにつばを吐く」と呼びました。相手は、言い訳というスープを大切に作っているわけです。その中につばを吐く。そのスープは飲めないことはないけれども、その人にとっては、その味は変わったと感じられるでしょう。

　アドラー心理学を勉強すると、このようなことが言えてしまいます。「あなたはもう自己欺瞞をやめてみてはどうですか？」と言うわけです。そうした直接的な言葉は相手を怒らせるかもしれません。その人のスープに唾を吐くということですから。人は、本当のことを言われると、なぜか怒り出すものです。ですから、人のスープにつばを吐くときは、相応のリスクを考えて実行してください。

自分は、その人を助けたいと考えて助言をする人もいるでしょう。たとえそうであっても、自分自身の目的を意識しないと危ういことになります。つまり、この人を助けることで、自分は何を目指しているのかということです。単純に助けたいのならいいのです。それ以外に、たとえば、自分がいい人だと思われたいというような目的が隠されている場合が多いのです。そうであれば、それを意識しないとまずいのです。ですから、まず自己欺瞞をしている自分自身を救うというところに使います。それが十分熟達したら、初めて、他の困っている人たちを援助することができます。

【質疑応答】「私も自己欺瞞が多くて、困っています」

では、質問を受けたいと思います。

Aさん 私も自己欺瞞が多くて、困っています。たとえば数週間後に締切があるとき、「やらなきゃ、やらなきゃ」と思いながら、ついテレビを見てしまう自分がいます。でも締め切りギリギリになって怖れを感じてこそ、勇気が出せるのではないか、とも思うのですが。

向後 それは、破綻する怖れですよね。これ以上延ばしたら破綻するという状態です。それは勇気が持てない状態です。やればいいというのはわかっているわけです。それでもやらないというのは何かを怖れているからなのです。それは、自分が、もしかしたらできないんじゃないか、ということを怖れているわけです。自分が無能であることに直面するのが怖いのです。そこで自己欺瞞を使います。たとえば、今からやっても時間が余るからとか、あるいは、もっと熟成させたいからとか、あるいは、私はもっと別にやるべきことがあるからとか、あらゆる言い訳を作ります。

Aさん 根が怠惰なので、ついこういう状況に陥ってしまうのです。

向後 「怠惰だから」というのは一番簡単な言い訳です。これは「怠惰」というものが「自分」を支配しているという考え方です。これを「所有の心理学」と呼びます。「怠惰だからできない」というのは、「怠惰」というものがどこかにあって、それが「自分」を所有しているということです。「怠惰だからできない」というのは、あなたは「怠け者」に支配されているという考えを表しています。

一方で、自分の思考と行動はすべて自分がコントロールできるという考え方もできます。私個人が、私の思考も行動も決めているのだという考え方です。これを「使用の心理学」と呼びます。「私個人」が「怠惰」を使って自己欺瞞しているというわけです。もしそうであれば、「私個人」は、自己欺瞞せずに、勇気を持って課題に挑戦するという決心もできるはずなのです。

Bさん ライフタスクから逃れようとしている状態が、怖れている状態だということですが、そもそもライフタスクはしなければならないことですので、逃げようとする行動があまり理解できません。目標なのだからそれに向かっていくのではないですか。

向後 そうです。ライフタスクに向かっていきます。

Bさん 一方で、向かえないという事情が、その人の中にあるということもありそうな気がします。

向後 ライフタスクには向かっていくしかないです。逃げることもできないです。たとえば、奥さんとの関係が悪い。でも、何もしようとしない。それは愛のタスクから逃げているということです。奥さんが「たまには私とちゃんとお話ししてよ」と言っても、「俺は仕事で忙しいから時間がない」というようなことを言って、取り合わない。それは愛のタスクから逃げているということです。

Bさん そのとき、何かを怖れているわけですね？

向後 そうです。何か怖れているわけです。それは、話すと何か困ることがあるのでしょう。きっと、もう愛していないのか、別れようと思っているのか、それが明らかになるのが怖いので話そうとしないのです。言い訳は、「俺は仕事忙しいし、ちゃんとお金も入れているし、ちゃんとやってるだろう?」というようなことです。

けれども、アドラーは、そこできちんと向き合って、話をしてくださいというふうに提案するわけです。それが勇気を持って愛のタスクを果たすことです。それで、別れることになったとしても問題はないのです。それは、あなた自身と相手が主体的に決心をしたからです。そうすることでより良い人生になると思います。

Column

個人の主体性 あなたの人生はあなた自身が決めている

「いったい何があなたを動かしているのか」と問われたときに、2つの立場を考えることができます。ひとつは、「心が個人を動かす」というものです。これを「心理主義」と呼んでいます。心が自分を動かすということです。しかし、アドラー心理学ではそうは考えなくて、「個人全体が心を動かす」と考えます。つまり、「個人全体」が心や身体を使って何かを成し遂げようとしていると考えるのです。心か身体のどちらかが「自分」を支配しているのか、と考えるのではなくて、「私個人全体」が心と身体の両方を使って、何かに向かって進んでいるのです。これが「全体論」の考え方でした。

このように考えれば、「私の人生は全部私が決めている」といえるわけです。これを「個人の主体性」と呼びます。私という個人が、心と身体を使って人生を動かしているわけです。もちろん、生育歴、身体的な条件、環境的な条件、偶然による制約など、自分の思う通りにならないこともたくさんあります。しかし、自分の思い通りにならない条件を除けば、すべてのことがらについて自分で決めることができるのです。これを「柔らかい決定論（soft determinism）」と呼びます。自分の人生は自分以外の何かによって決められているのではなく、自分で決められる部分が確実にある、ということです。

では、個人全体は何に向かって人生を決めているのかといえば、よりよい自分になることを目指して決めているのです。これが「目的論」です。そして、「よりよい自分へのなり方」は、人それぞれで違います。これが、ライフスタイルの違いとなって現れるわけです。

それでもなお「個人としての私」とは一体なんなのか、あるいは「個人の主体性」はいったいどこにあるのかと、考え込んでしまう人もいるかも知れません。「要素論」的な世界観に浸されている私たちとしては当然のことかもしれません。それに対して、個人の主体性は、意識、無意識、身体、全部含めたところの全体にあると考えます。これは「かのように理解」なのです。もし、個人の主体性というものがあって、あなたの人生はすべてあなた自身が決めている、かのように考えたら、あなたの生き方はどのようになるでしょうか、ということを提案しているのです。これは「仮想論」の考え方に基づいています。

このようにアドラー心理学全体の理論構築は、互いに強固に結びついているのです。それがアドラー心理学の特徴であるともいえます。

講義の締めに：アドラーの言葉

私たちは自分で人生を作っていかなければならない。
それは、私たち自身の課題であり、それを行うことができる。
私たちは自分自身の行動の主人である。

——アルフレッド・アドラー『人生の意味の心理学〈上〉』（アルテ）より

第7章

あなた自身を勇気づけるためにはどうすればいいのか

―勇気づけ

言葉によるコミュニケーションが関係を決める

では、今日のテーマにまいりましょう。今日は、「勇気づけ」ということを取り上げたいと思います。前章で「がんばれ」と声をかけることとは、勇気づけとは関係がないということを言いました。でも、こうした言葉がけをすることは日常的なことです。はげましたり、ほめたり、けなしたり、叱ったり、言葉を使って私たちはコミュニケーションします。そして、対人関係においては、言葉によるコミュニケーションが重要です。

悩み事のほとんどすべては、対人関係に起因するということを私たちはすでに学びました。とすれば、言葉を使ってうまくコミュニケーションをとることができれば、対人関係もうまくいき、その結果として悩み事が少なくなり、幸せに暮らすことができることになります。逆を考えれば、言葉によるコミュニケーションがうまくいかなければ、対人関係もうまくいかなくなり、その結果として悩み事も増えるでしょう。

私たちは常に対人関係の中にいます。職場であれば、上司と部下の関係や、同僚同士の関係。学校に行っている人であれば、先生と生徒の関係や、生徒同士、友だちの関係。それから、家庭の中であれば、妻と夫の関係や親子の関係、きょうだい同士の関係。自分の家庭を持つ前であれば、恋人同士の関係。

こうした対人関係の中で、言葉によるコミュニケーションをしています。そのコミュニケーションの中で、ときどきは、イラッと来たり、ムカッと来たり、「あまり話が通じていないな」というようなことを思うことがあると思います。あるいは、あまり通じていないと思うことの方が多いかもしれません。ですから、きちんと言葉で通じ合うということが重要なのです。

今日は、コミュニケーションということ、言葉でどのように通じ合うかという練習をしてみたいと思います。その過程で、勇気づけということを考えていきましょう。

Work

かける言葉

さて、それではワークに入りましょう。今回のワークは、「かける言葉」ワークです。今回のワークは2人以上のグループで行います。

自分が1人でやらなくてはいけない大事なイベントをひとつ考えてください。たとえば、新しいプロジェクトのプレゼンテーション、ピアノの発表会、初めてのデートなどです。考えたら、それをフセンに書いてください。

書けたら、ジャンケンをして、1番目の人を決めてください。その人は、大事なイベントの前日で、とても不安な状態です。他のメンバーは、その人にかける言葉を考えて、順番に言葉をかけてあげてください。その人は、全員の言葉を聞いた後で、どれが一番響いたかを言いましょう。これを順番に回していきます。

次は、「失敗した人にかける言葉」です。その人は大事なイベントに失敗してしまいました。他のメンバーは、その人にかける言葉を考えて、順番に言ってあげましょう。また全員の言葉を聞いたあとで、どれが一番響いたかを言ってください。これを同じように回していきます。
最後は、「成功した人にかける言葉」です。また同じようにジャンケンをして順番を決めてください。その人は、大事なイベントで見事に成功しました。他のメンバーは成功したその人にかける言葉を考えて、順番に言ってあげましょう。最後に、どれが一番響いたかまた言ってみてください。では、お願いします。

向後 では聞いていきましょう。イベントは何でしたか?

Aさん ひとり旅をするということです。

向後 不安なときにかけられた言葉で一番響いた言葉は何ですか。

Aさん 「現地の人に聞けばなんとかなるよ」です。

向後 失敗したときにかけられた言葉で一番響いた言葉は何ですか。

Aさん 「それも勉強だよ」です。

向後 では、成功したときにかけられた言葉で一番響いた言葉は何ですか。

Aさん 「ひとりでもこなせる自信ができたね」です。ひとりでもできるということが嬉しく思いました。

Bさん　私はファイナンシャルプランナーの試験を受けるというイベントです。

向後　不安なときにかけられた言葉で一番響いた言葉は何ですか。

Bさん　「いつもどおりで大丈夫」です。

向後　失敗したときにかけられた言葉で一番響いた言葉は何ですか。

Bさん　「次回にむけてがんばって」です。ストレートに言われたのが良かったです。

向後　では、成功したときにかけられた言葉で一番響いた言葉は何ですか。

Bさん　これもストレートに「おめでとう。努力が実ってよかったね。次のステップに生かして」です。私は、ストレートに言われるのがうれしいみたいです。

Cさん　私は会社に意見をするというイベントです。

向後　それは緊張するイベントですね。不安なときにかけられた言葉で一番響いた言葉は何ですか。

Cさん　まずは「本音をぶつけなさい」です。そのほかに「感情的にならずに客観的に話すべき」

というアドバイスも響きました。

向後 失敗したときにかけられた言葉で一番響いた言葉は何ですか。

Cさん 「自分が納得できることが重要」です。

向後 では、成功したときにかけられた言葉で一番響いた言葉は何ですか。

Cさん 「わかってくれる人は必ずいる」と言われて心強かったです。

タテの関係とヨコの関係

今やっていただいたワークでどんな感じを持ったでしょうか。失敗した時にかけられる言葉にしても、成功した時にかけられる言葉にしても、いろいろな言い方があります。そしてその中の特定の言葉は自分に響いてくるものです。その一方で、あまり響いてこない言葉もあります。時には、嫌な感じに聞こえる言葉もありますね。その言葉を言っている人は、励ましているつもりでも、受け取る方に嫌な感じが残ることもあります。

ここで「タテの関係とヨコの関係」という考え方を導入します。英語では、vertical relationship

と、horizontal relationshipです。タテの関係というのは、上司と部下、先生と生徒、親と子というような関係を指すのではありません。同様に、ヨコの関係も、生徒同士や職場の同僚同士という関係を指すのではありません。実際のポジションは関係ないのです。立場の違いや、職位などを指す概念ではありません。

そうではなくて、実際にその人たちの間で、どのような関係が取り持たれているのかということを、タテの関係かヨコの関係かということで分類しようとするものです。ですので、純粋に心理的な概念です。

タテの関係はどちらが上かを争っている状態

タテの関係というのは、どちらが上かを争っている関係です。心の中で「私のほうが上だ」「いや、私の方が上だよ」と争っている関係です。ですから、上司と部下の場合、職階上は上司が上で、部下が下なのですけれども、それにかかわらず、部下が「私のほうが上だ」というように、しかけることができます。上司の指示に従わないとすれば、それは「私の方が上だから、あなたの命令には従わない」と考えているわけです。

教室の中でも、先生と生徒では、立場としては先生が上で、生徒が下なのですけれども、生徒の方から権力闘争をしかけることができます。「先生よりも私の方が上だ」というわけです。具体的には、教室の中で暴れることで、学級崩壊を起こしたりすることです。先生の命令に従わないということで、暗黙のうちに「私のほうが上だよ」ということを示すわけです。

このように、立場的な上下の関係にかかわらず、心理的に争っている状態をタテの関係と呼びます。

アドラー心理学では、叱ったり、罰したり、あるいは逆に、褒めたり、励ましたりして、誰かをコントロールすることを強く戒めています。なぜなら、誰かが誰かをコントロールするということは、つまり、コントロールするほうが上だということだからです。それはタテの関係における争いですから、協力の関係を築くことはできません。

叱ったり、罰したりするのは良くないことだとわかっている人でも、褒めたり、励ましたりするというのは良いのではないかと思うかもしれません。実際、「褒めて育てる」というようなキーワードが入った本がたくさん出ていたりします。しかし、褒めたり、励ましたりすることもタテの関係です。心理的には、褒める方が上、励ます方が上になるからです。ですから、褒められたり、励まされたりした時に、とても嫌な感じがすることがあります。それは、タテの関係になっていることを感じるからです。

もちろん、褒められてうれしいと思う場合はあります。それは、その人との信頼関係がある場合に限ります。そうではなくて、「私のほうが上。私があなたを褒めているのだから、あなたはがんばって当然」というふうになると、タテの関係になって、嫌な感じがするというわけです。

ですから、同じような褒め言葉であっても、文脈、つまり当事者同士の関係性によって違ってきます。そこを読み解く必要があります。どんなときにでも通用する「魔法の言葉」はありません。そのときどきで、文脈を考えることが必要なのです。ただ褒めたり、励ましたりすればいいわけではありません。それはタテの関係であることが多いのです。

ヨコの関係は共通の目標に向かって対等に協力し合うこと

「タテの関係」に対して、「ヨコの関係」というものを考えます。ヨコの関係というのは、対等の関係（equalな関係）ということです。立場や地位の違いを乗り越えて、お互いに協力し合って課題を解決しようとするのが、ヨコの関係です。

ですから、たとえば上司と部下が一緒に協力し合って、ひとつの課題を解決しようというときに、ヨコの関係が成立したといえます。また、先生と生徒であれば、共通の課題を見つけて、それについて努力しようと言ったときに、ヨコの関係が生まれます。

先生は、何かを勉強してほしいし、学んでほしいと思うわけです。子どもはこれを学びたいと思います。そうすると共通の課題になります。先生は教えることで課題を達成することを助け、生徒のほうは自分が勉強することでその課題を達成しようとします。このように、同じ課題について同じ方向を向いているときにヨコの関係が成立します。

そうではなくて、先生は子どもに勉強させることが仕事だと思って努力しているにもかかわらず、子どもが勉強しないことがあります。あるいは、嫌々ながら勉強する。そうすると勉強ということが共通の課題ではなくなります。子どもは勉強するのが嫌だし、先生はそれを無理にさせようとします。そのときに、タテの関係になってしまいます。

タテの関係になると、命令でしか人は動かなくなります。信頼関係では動かなくなるので、命令や報酬や罰によって相手を動かします。そのときにタテの関係になるわけです。そのときに、雰囲気は嫌な感じになります。雰囲気が嫌な感じになったら、それはタテの関係が生じているのだと疑ってみるといいでしょう。

今、目の前にいるこの人と、立場の違いを乗り越えて、同じ課題を解決しようとしているかどうかを点検してみましょう。

ヨコの関係は、同じ共同体の中で、立場も違い、個性も違うにもかかわらず、同じ方向を向いて協力をするということです。一方、タテの関係は、相手を自分より下の位置に置こうとします。これを「劣等の位置」と呼びます。そうなると競合関係になるので、タテの関係になります。劣等の位置に置かれた人は、それを挽回しようとします。そして、権力闘争が始まります。「私のほうが偉いんだぞ」「いや、あなたの下にはならないぞ」というふうにお互いに争うのです。そこでは、協力ではなく、競合が起こってしまうのです。

課題に立ち向かう勇気はいつ持てるか

タテの関係では、相手にしぶしぶ服従するか、相手に抵抗するかのどちらかの方法しかありません。抵抗してやらないでいるか、仕方なくやるかのどちらかです。これでは、その課題を「自分のもの」として取り組むことはできません。いややるのであれば、その課題は苦痛以外のものではないでしょう。しかし、世の中にはこうしたタテの関係でやらされていることがたくさんあります。いやいややって、ミスをして、それをまた叱られる、という悪循環がタテの関係の中で繰り返されるのです。

もし立場の違いを乗り越えて、ヨコの関係を築ければ、そのときに、課題がどんなに困難なものであっても「やってみようかな」という勇気がわいてきます。それは、周りの人たちが、必要な時には協力してくれるし、そうでないときにも、同じ方向を向いて見守っていてくれることを確信しているからです。そうしたことを、相手も自分も確信することが、私たちがコミュニケーションをする究極の目的なのです。

同じ「がんばれ」という言葉でも、タテの関係の中で使われる場合と、ヨコの関係の中で使われる場合では、意味がまったく違います。タテの関係で使われる場合は「私が上で、あなたは下」ということを相手に伝えます。ヨコの関係で使われる場合は「私とあなたは同じ目標を目指しています」ということを伝えます。

同じ「がんばれ」という言葉の意味は、タテの関係かヨコの関係かという文脈によって決定されます。そして、その文脈はそこにいる当事者同士では、暗黙のうちに了解されています。ですから「がんばれ」と言われた瞬間に「下に見られたな」と感じることもありますし、逆に、「同じ仲間なんだ」と感じることもあります。それは、当事者同士がすでに文脈を共有しているからです。

ですから、相手を勇気づけようと思うのであれば、日頃から、相手とヨコの関係を築くことです。ヨコの関係という文脈なしでは、どんな言葉をかけようと、相手を勇気づけることはないでしょう。

Column

勇気づけに魔法の言葉がけはない

アドラーは「自分に価値があると思う時にだけ、勇気を持てる」と言っています。「自分に価値がある」と思えるためには、「自分が仲間の中にあって有用なことをしている」という確信が必要です。つまり、自分が仲間の一員であって、その中で何か役に立つことができるという確信です。そのときに初めて、どんなことであっても困難な課題に立ち向かっていく勇気が生まれてくるのです。

一方、言葉の意味は、それが発せられる文脈によって決まってきます。つまり、自分と相手との関係性という文脈の中で言葉の意味が決まります。だから、「すごいね」と言われたときに、うれしく思う場合もありますし、反対にバカにされたと感じることもあるのです。「がんばれ」と言われたときに、素直に「がんばろう」と思うこともありますし、反対に「できっこない」と言われたように感じることもあります。つまり、同じ言葉がけをしても、相手との関係性によってまったく反対の意味に感じられるわけです。

相手を勇気づけるために、何か特別のスキルや言葉がけがあるかといえば、けっして万能の言葉がけはないし、万能のスキルもないのです。これが、私が「魔法の言葉がけはない」という意味です。言葉がけやスキルではなくて、相手に接する態度こそが勇気づけのすべてなのです。励ましたり褒めたり、あるいは、叱ったり説教したりすること、これらはすべて「自分が上ですよ」ということの表明なのです。このようなタテの関係の中では、どんな言葉を使おうと、相手を勇気づけることはできません。

相手を勇気づけようと思うのであれば、「私とあなたは仲間です」ということと「あなたには有用な能力があります」ということを伝えるだけで十分です。これが、私たちが言葉を使ってコミュニケーションすることの意味です。さらには、このようにすることによって、自分自身にも勇気が湧いてきます。それは、「私には仲間がいる」ということと「自分はこの仲間の中で有用なことができている」ということを確信するようになるからです。

講義の締めに：アドラーの言葉

勇気があり、自信があり、リラックスしている人だけが、人生の有利な面からだけでなく、困難からも益を受けることができる。そのような人は、決して恐れたりしない。

――アルフレッド・アドラー『個人心理学講義』（アルテ）より

あなたの生きる「意味」は何か ― ライフタスク

私たちが生きていく上での悩みは対人関係に収束する

では、今日のテーマにまいりましょう。今日は、「生きる意味」ということを取り上げたいと思います。私たちは、なぜ生きているのか、目的論的に言えば、何のために生きているのかということです。

私たちが生きていく上での悩みは数多くあります。受験、卒業、就職、恋愛、結婚、離婚、子育て、病気、介護、死別というように、数えればたくさんの悩みがあります。もちろん、自分が死ぬということもあります。けれども、これらは、実際のところは本当の悩みではありません。今、数え上げた事柄は、人生上の出来事、言い換えれば、ライフイベントということです。ライフイベントは全員の人生に降り掛かってくることです。そして、苦労の大きさはその人ごとにさまざまですけれども、なんとか乗り越えていくわけです。自分が死ぬことを非常に不安に思っている人もいます。しかし、すべての人間が、いずれ死ぬのです。死んだ後はもう悩む必要もありませんので、悩みにはなりません。死は、その人にとっての最後のライフイベントにすぎません。

その一方で、生きている限り、悩みがあります。それは対人関係の悩みです。私たちが悩みだと思っているライフイベントは、実は悩みではなく、ライフイベントに関わってくる対人関係こそが悩みなのです。たとえば、就職というライフイベントそのものではなく、就職をめぐっての友人関係や親子関係が、悩みの源泉となるわけです。ですから、対人関係こそが問題なのです。これは「社会統合論」のところでも説明しました。

同じように、学校で起こっていることの悩みというのは友人関係や先生との関係に関する悩みです。職場では、まさに隣に座っている同僚との関係や、向かいに座っている上司との関係で悩みます。家族においてもそうです。いっしょに住んでいるのに、同じ空気を吸いたくないと宣言する相手との関係こそが問題なのです。つまり、社会の中で生きている限り、対人関係の悩みがあります。人と付き合わないで生きることはできないのですから。

Work

ライフタスクのマインドシェア

さて、それではワークに入りましょう。今回のワークは、「ライフタスクのマインドシェア」ワークです。今回のワークはひとりでもできますし、2人以上のグループでもできます。

(1) あなたの生活の重要な領域

まず最初に、あなたの生活で重要だと思う領域をキーワードで5つあげてみましょう。最初の3つは、たいていの人にあてはまる生活のキーワードである「家族、友人、仕事」がすでに入れてあります。残りの2つのキーワードを入れてください。

A　家族

B　友人

C　仕事

D　（　　　　）

E（　　　　　　　　）

(2) それぞれの領域のマインドシェア

次に、いまあげたA～Eの5つの領域のそれぞれが、あなたの心の中で占める割合（マインドシェア）を記入してください。

まず、だいたいの割合を帯グラフに描き入れます。帯グラフは目安のために10等分の点線がはいっていますが、それにしたがう必要はありません。

帯グラフに記入したら、それぞれのマインドシェアをパーセントの数字で記入してください。

A　家族……………………（　　　）%
B　友人……………………（　　　）%
C　仕事……………………（　　　）%
D（　　　　　　　　）……（　　　）%
E（　　　　　　　　）……（　　　）%

(3) それぞれの領域がどれくらいうまくいっているか

最後に、A~Eの5つの領域のそれぞれについて、どれくらいうまくいっているかを百点満点でつけてみましょう。まったくうまくいっていないならば0点、半分くらいうまくいっているならば50点、完全にうまくいっているなら100点として点数をつけます。

A 家族…………………………(　　　　)点
B 友人…………………………(　　　　)点
C 仕事…………………………(　　　　)点
D (　　　　)……(　　　　)点
E (　　　　)……(　　　　)点

(4) 総合評価を計算する

では、あなたの現在の生活を総合的に評価してみましょう。これはあくまでも「参考値」です。

計算の方法は、(3)で書いたA~Eの5つの領域のそれぞれの点数に、(2)で書いたそれぞれのパーセントの値を掛け算して、その5つの値を合計します。たとえば、A(家族)が70

点で、そのマインドシェアが40%であれば、70×0・4=28点になります。同じように、B〜Eまでを計算して、それを最後に合計します。

計算した値があなたの生活の総合評価(参考値)です。それを、書き込んでみましょう。

あなたの生活の総合評価(参考値)……(　　　)点/100点満点

あなたのライフタスクのマインドシェアは?

いかがでしょうか。ここでは、私たちが毎日生活をしていて、解決していかなければならない課題を「ライフタスク」と呼びました。このワークでは、あなたのライフタスクにどのようなものがあるかということと、それがどれくらいうまくいっているかということを数字で表してみたのです。

では、その一例を見てみましょう。

向後 「家族、友人、仕事」の次になにを挙げましたか?

Aさん 「勉強」と「趣味」です。

向後 「家族、友人、仕事、勉強、趣味」ですね。それぞれのマインドシェアを見てみると……

Aさん まず「勉強」が50％ですね。

向後 そんなに毎日勉強しているのですか？

Aさん そうです。50歳を過ぎたらなにかを勉強し始めようと以前から決めていました。それで、通信制の大学に入ったのです。オンラインでパソコンを使って勉強するのですけど、それがもう大変で。

向後 達成度は70点ですね。

Aさん 大変なんですけど、なんとかがんばっていますので。

向後 次は「仕事」ですね。

Aさん はい、15％です。

向後 達成度はこれも70点。

Aさん はい、自営の仕事を手伝っています。業者とのやり取りとか、従業員の面倒を見たり。

向後 70点なのでまずまずうまくいっているということですね。次は……。

Aさん 「趣味」です。15％。

向後 これは90点なんですね。

Aさん はい、もうやりたい放題させてもらっています。

向後 それはいいですね。その次は「友人」ですか。

Aさん はい、10％ですが、点数は95点です。

向後 95点ということは、とてもうまくいっているということですね。

Aさん はい、たくさんの友人がいて、本当に恵まれているなあと思っています。

向後 最後は……。

Aさん 「家族」です（笑）

向後 最後に「家族」ですか（笑）

Aさん はい、10％で、点数は50点です（笑）

向後 50点ですか。

Aさん まあ、これは何か問題があるとかそういうことではなくて、子どもも手がかからなくなりましたし、夫とも長いので、お互いに自由にやろうねという感じになっているからなのです。

向後 なるほど、それで50点なのですね。では、点数を集計してみましょう。

Aさん 70×0.50（勉強）＋70×0.15（仕事）＋90×0.15（趣味）＋95×0.10（友人）＋50×0.10（家

族）で、合計は、73・5点になりました。

向後 73・5点が、あなたの生活の総合的な評価です。もちろん、この数字はあくまで参考の値です。

Aさん まあまあ、充実しているという感じですね。

向後 はい、そう思います。

ライフタスクは「仕事・交友・愛」の3つ

アドラー心理学では、生きる上での課題を「ライフタスク」と呼んでいます。ライフタスク、つまり、人生の課題ということです。どんな人にもライフタスクは少なくとも3つあります。それは、「仕事・交友・愛」の3つのタスクです。

人間は一人では何もできません。人類が発展していくためには、産業を興し、社会を形成し、維持していかなくてはなりません。そのためには、人々が結びつき、互いの弱いところを補いあい、協力しあうということを学ばなければなりません。これが「仕事のタスク」です。

仕事をするためには、互いに協力するという行動が必要です。協力するためには、他者との良い関係を作ることが必要です。最初に良い関係がなくては協力することはできません。他者との良い関係を作ることが「交友のタスク」です。私たちの多くは、学校における対人関係によって、交友のタスクを果たしていきます。

最後は、愛のタスクです。これは、パートナーを見つけ、家庭を作り、子どもを育てることによって、人類が継続していくための活動に貢献することです。ここにおいても、自分のパートナーと良い関係を作ること、自分の子どもと良い関係を作ることが課題になってきます。これが愛のタスクです。

この3つのタスクを対人関係の側面から考えてみましょう。仕事の対人関係は、永続しない人間関係です。仕事の対人関係は契約に依存しています。会社を辞めれば終わりになります。職場が変わったり、人事異動しても終わりになります。これはある意味で救いです。どうしても合わない人がいたとしても、最後の手段として会社を辞めれば、対人関係で悩むことはなくなります。

交友の対人関係では、自分が友だちを選んでいます。そのためにかなり長続きします。なぜなら、利害関係がないからです。同じ関心や同じ趣味を持っていたり、いっしょに遊んだりする仲間との関係は長続きします。たまたま疎遠になってしまったとしても、十年ぶりに再会すれば、昔と同じように話すことができます。それが交友のタスクです。そういう友人を一人でも二人でも作っておくことです。友人がたくさんいる必要はありません。数は問題ではありません。

学校の中で、いじめを受けたりして対人関係が辛い場合があります。その場合は行かなければいいでしょう。あるいは、学校を変えればいいのです。あるいは、通信教育という手段もあります。無理やり行こうとするから問題が起こってきます。交友のタスクは、良き友人との関係を育てるという課題です。嫌な相手に自分を合わせるという修行ではありません。生涯の友が一人いれば十分なのです。

愛のタスクでは、対人関係は永続し、しかも運命を共にすることになります。配偶者も子どもも運命を共にすることになります。愛情が薄れてしまって、もう

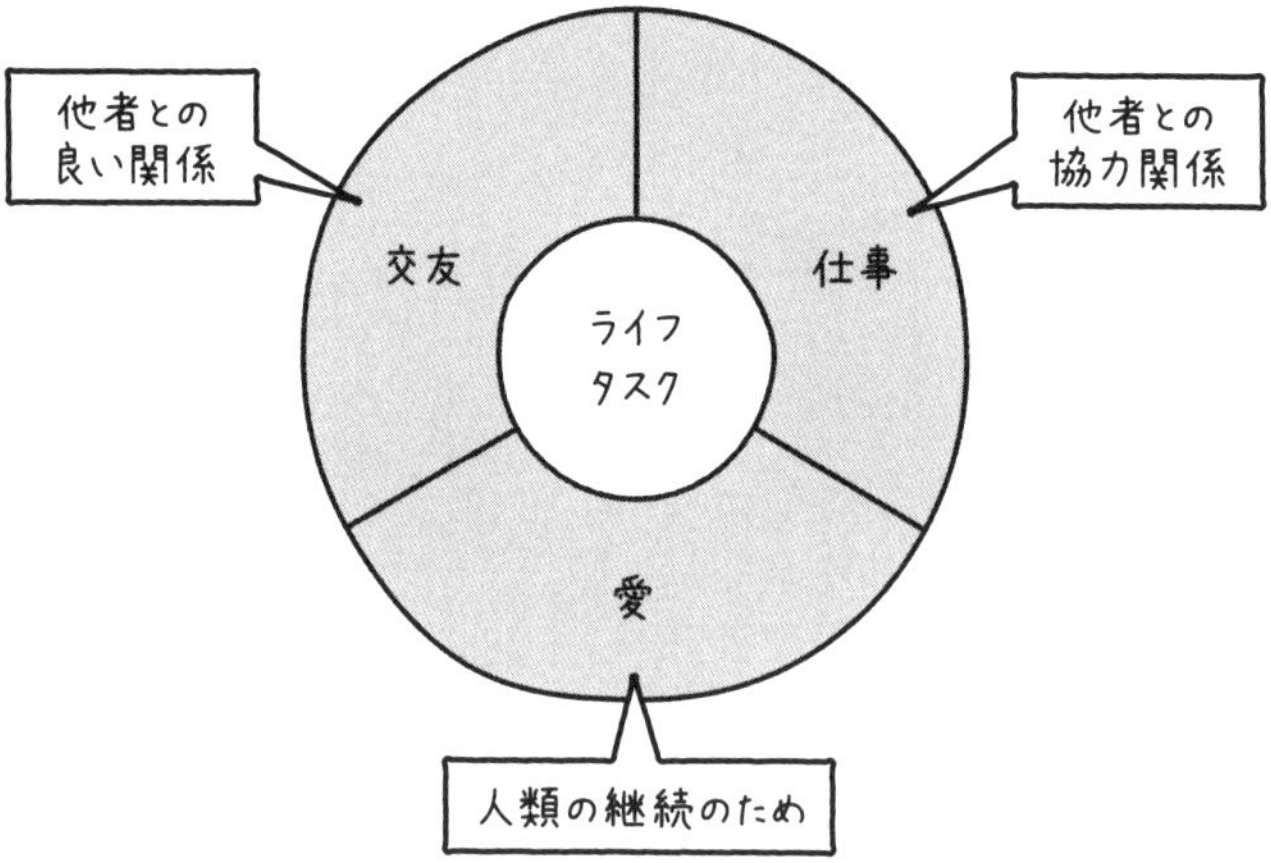

他者との良い関係
交友
他者との協力関係
仕事
ライフタスク
愛
人類の継続のため

ライフタスクと対人関係

愛し合っていなくても関係は続きます。家族の中で、パートナー同士が対等の立場で関係を持つこと、そして親と子もまた対等な関係を築くこと、これが愛のタスクです。

自己との調和・世界との調和のライフタスク

「私たちは何のために生きているのか」と問われたならば、「それは、ライフタスクを果たすためです」とアドラー心理学は答えます。ライフタスクとは、仕事・交友・愛の3つのタスクです。その中には必ず対人関係が入ってきます。ですから、**どのような対人関係を持って、ライフタスクを果たしていくのかということが、私たちの人生の課題のすべてなのです。** それでも、このように言い切ってしまうと、「ちょっとシンプルすぎませんか?」と思う人もいるでしょう。その通り、実際、シンプルなのです。アドラー心理学は、シンプルで強固な理論なのです。

仕事・交友・愛の3つのライフタスクを「基本的ライフタスク（basic life tasks）」と呼びます。それ以外のライフタスクとして、さらに2つのライフタスクが考えられます。それは、自己との調和のタスクと世界との調和のタスクです。仕事・交友・愛の基本的ライフタスクが、外の世界に向かって自分を表現していくということであるのに対して、自己との調和のタスクと世界との調和のタスクは、自分の内なるものを探求するタスクであると対比できます。

自己との調和のタスクとは、自分自身とのつきあい方のタスクです。強いところがあると同時に弱いところもある自分自身、常に不完全である自分自身を受け入れることが、長い期間に渡ってライフタスクとなります。不完全な自分を受け入れることができて、失敗したり、間違いをおかしたりする怖れを手放すことができるようになります。そのとき、初めて自分の内側にある力を役立てることができるようになります。こうしたことは、自分の外側にある環境や対人関係が障害となっているわけではありません。そうではなくて、自分自身とのつきあい方が課題となっているのです。

世界との調和のタスクとは、世界と、その中に存在する自分自身との関係を考えるタスクです。この地球の上に生まれてきた自分自身の存在の意味について考えるということです。そのためには、自分自身がこの宇宙の中の、まさに今いるところに存在している意味を考えなくてはなりません。そう考えると、世界との調和のタスクは、「精神性（spirituality）」のタスクと呼んでもいいでしょう。

仕事・交友・愛のタスクが、自分がこの世界で生きていくための課題だとすれば、自己との調和・世界との調和のタスクは、この世界で生きていることの意味を探求する課題だということができるでしょう。

Column アドラーは宗教をどう捉えていたか

仕事・交友・愛の3つの基本的ライフタスクに加えて、自己との調和のタスクと世界との調和のタスクが考えられます。自分の内なるもの、そしてその自分と世界・宇宙との関係性を考えるのが追加された2つのタスクです。これはスピリチュアリティ（精神性）のタスクと呼んでもいいでしょう。そうするとアドラーが宗教や神をどのように考えていたのかについて知りたくなります。スピリチュアリティと宗教は関係が深いからです。

アドラーが考える宗教における神は、ひとつの概念（idea）だと捉えられています。神は、人間が考え得る、偉大さや完璧さを解釈し、具体化されたひとつの姿であるとアドラーは考えました。人は、生きている限り、自分の不完全さや未熟さを感じないわけにはいきません。そこで、そうした不完全さを超越した、偉大で完璧な存在を考え出すことは自然なことです。また、人々が、それぞれに違った形の、偉大で完璧な存在である神を考え出してきたことも自然なことでしょう。

もし、神を、たとえば「無意識」のように、自分の内側に見出すならば、それは目的を持たない機械のように、自分自身を動かしていくものになるでしょう。反対に、もし神を、自分の外側に見出すならば、それは今ある多くの宗教の形になるでしょう。そして、この宗教的な見方には、科学的な根拠はありません。

アドラーは、神を、このような機械論的なものでもなく、宗教的なものでもなく、人間が自己保存と発展を目指していく過程で、必要に駆られて作り出した「概念」なのだと考えたのです。これは、宗教や神を信じている人たちには、受け入れにくい考え方かもしれません。しかし、非常に冷静な分析だと思います。

その形はさまざまではありますが、ゴールとしての完璧で最高のものを想定したものが、神という概念であるとアドラーは考えました。その意味では、世の中にあるさまざまな理想は最高のものという意味で神という概念と同種類のものであると考えられます。アドラー心理学が提起している「共同体感覚」もまたそのひとつなのです。

講義の締めに：アドラーの言葉

われわれが人間に要求するすべてのこと、われわれが人間に与えることができる最高の賞賛は、人間が優れた仕事仲間、優れた仲間、愛と結婚における真のパートナーであるべきであるということである。要するに、人は自分が仲間であることを証明すべきである、といえる。

――アルフレッド・アドラー『人生の意味の心理学〈下〉』（アルテ）より

第9章

あなたが幸せに生きるためにはどうすればいいのか
——共同体感覚

幸せに生きるためにはどうすればいいのか

では、今日のテーマにまいりましょう。今日は、「幸せに生きるためにはどうすればいいのか」ということを取り上げたいと思います。前の章では、私たちが生きている意味はライフタスクを果たすためだ、ということを説明しました。ライフタスクは、仕事・交友・愛の課題です。これは、どんな人でも共通しています。しかし、ライフタスクをどのように達成するかは、人それぞれです。人は自分独自の方法でライフタスクを達成しようとします。それがその人のライフスタイルとなって現れてくるわけです。ライフスタイルについては、第3章の社会統合論でお話ししました。

では、ライフタスクを達成するときに、どのようにすれば、幸せを感じることができるのでしょうか。ここで、第1章の問題に戻ってきました。それは「どのように生きれば、幸せな人生を生きることができるのか?」という問題でした。そのときに次の2つの回答を提示しました。

(1) 自分の能力を発揮できること

(2) それが他の人のためになっていること

ひとつめは、自分が持って生まれた能力を発揮することです。そのために私たちは小さいときからいろいろなことを学び、挑戦するのです。なぜ学ぶのかと問われたならば、それは自分の能力を発揮するためです。私たちは時間をかけて自分を訓練することによって、自分自身に能力を備えることができます。この能力を持って、自分には何かをなしとげることができるという感覚を身につけることが、幸福に生きるためのひとつの条件です。自分には何もできないと感じている人は、幸福ではないでしょう。

もうひとつは、自分の能力を発揮することが、誰か他の人のためになっていることです。自分に能力をつけたといっても、それが犯罪や反社会的なことに使われるとすれば、それは能力の使い方を誤っています。その場合はけっして幸福を感じることはないでしょう。

この2つが、アドラー心理学が提示する、幸せに生きるための条件です。みなさんはどう考えるでしょうか。では、ワークに入っていきましょう。

Work

幸福に生きるために大切なものは何ですか

さて、それではワークに入りましょう。今回のワークは、「幸福に生きるために大切なものは何ですか」ワークです。今回のワークはひとりでもできますし、ペアやグループでもできます。

あなたが幸福に暮らすために一番大切なことは何でしょうか。誰でも幸福に暮らしたいと思っていることでしょう。しかし、幸福に暮らすために大切だと思っていることは、人それぞれで違っているかもしれません。あなたが幸福に暮らすために一番大切だと思っていることは何でしょうか。それを3つ、手元の紙に書いてみてください。

では、それを発表してください。ペアやグループの場合はじゃんけんをして順番を決めて発表しましょう。

Aさん まず最も大切なのは「自由」です。

向後 「自由」は人気が高いですね。「自由」を書いた人、けっこういるでしょう。自由族ですね。

自由族はどう考えているのかな？

Aさん 自由族は、今自分が自由でないと感じているふしがあると思います（笑）。あればもっと幸せかもしれないと。あとは「家族」と「愛情」。これはないと困ります。

向後 はい。ありがとうございました。では次の人に行きましょう。

Bさん 私は第一に「愛情」です。

向後 「愛情」も人気高いね。愛情族の人、いますね。

Bさん 特別な誰かがいたら幸せだと思うのです。あとは「家族」と「慈愛」です。

向後 愛に飢えている？（笑）

Bさん かもしれません。自由という点ではすごく満足しているのですが。

向後 ありがとうございました。その人の人生観のようなものが見えてきますね。では次の人、どうぞ。

Cさん 私は「家族」です。

向後 「家族」。「家族」を最初に挙げる人もいるのではないですか。はい、いますね。

Cさん 家族がいるからこそ、がんばる意欲がわいてきます。あとは「収入」と「貢献」ですが、収入がないと貢献も難しいと思います。

向後 はい。ありがとうございました。

Dさん 私の一押しは「収入」です。収入があれば…。

向後 ユニークですね。収入族の人、ほかにいますか？

Dさん 収入があれば、ほかのことはだいたいなんとかなると思うんです。

向後 すごい、きっぱりしているわ（笑）。では、収入があれば愛情も買えるということね。

Dさん 愛情は今、特に必要としていません。

向後 すごいわ（笑）

Dさん あとは「知恵」と「健康」です。

向後 「知恵」と「健康」ね。お金では買えそうじゃないものですね。

Dさん いいえ、いい医療を受けるのもお金が必要です。また、学校に行って知識を得るのも元手がいりますよね。

向後 なるほど、「収入」は大事ですね。

Eさん 私は「正直」です。そのままの自分でいることが幸せです。あとは「知恵」と「正義」です。幸せに生きるためには、世渡り上手であるための知恵も必要かなと。

向後 正直だね（笑）。さすが正直族。

Eさん 「正義」は、どうせなら正しく生きることでより幸せになれそうに思いました。

向後 はい。ありがとうございました。ワークはこれで終わりです。おもしろいですね。幸せに生きるために重要なことは、人によってさまざまなんですね。

どの価値観をとるかはその人が決めていい

今やっていただいたワークでわかることは、幸せに生きるために重要なことというのは、人それぞれで違っているということです。そこには、その人独自の価値観が反映されているということです。価値観というのは、私はこういうふうに生きたい、こういうふうに生きるべきであると、思っていることです。

収入があればすべてのことはできるので、幸せに生きるためには重要であると考えるのはひとつの価値観です。あるいは、家族の愛があれば、幸せであると考えているのもそうですね。さらには、私さえ良ければ幸せだというのも価値観なのです。他の人たちは利用すべきだという価値観のもとで、自己中心的に生きられるわけです。

価値観それ自体には善悪はないので、それぞれが尊重されるべきものです。一人ひとりが、どのような価値観を採用するのかは自由です。自由主義社会の中では、人はそれぞれの思想を持ち、信仰を持ち、価値観を持っている。それらは自由に選ぶことができるというのが保障されているわけです。

そうした中で、アドラー心理学はいち早く価値相対論をとりました。さまざまな価値観は相対的なものなので、どれかひとつが正しいということはありません。どの価値観を選ぶかのはその人が自由に決めていい。では、どういう基準で決めるのかというと、個人的に好きであるかどうかや、便利なのかどうかといった基準で選べばいいのです。自分のフィーリングにぴったりなのでというような基準でもいいわけです。

これからアドラー心理学の思想であり、価値観でもある「共同体感覚」という話をしていきます。とはいってもこれもまた相対的な価値にすぎないのですね。だから「共同体感覚」という考え方に共鳴する人はそれを選べばいいのですし、もし共鳴しなければ選ばない自由もあるわけです。さらに、もし「共同体感覚」がすばらしいと自分が思っていても、それは他の人に強制することはできません。それを選ぶかどうかは相手の課題なのですから。

共同体感覚の第一歩

では、共同体感覚の話に入っていきましょう。共同体感覚を簡単に言えば、自分だけのためではなくて、自分が所属している共同体全体が良くなるように行動しようね、という価値観です。共同体感覚が発達していない段階の人は、自分の利益だけをもとめて自分の行動を決めているので、それがどういうふうにまわりに影響するかというところまで見られません。つまり自分の利益だけを考えるという生き方になります。逆に、自分の行動がまわりに対してどういう影響を及ぼすのかということまで考えて、自分の行動を決める人は、共同体感覚が発達しています。すべての人は多かれ少なかれ共同体感覚があると考えられています。しかし、それを行動としてあらわすためには、常に練習する必要があります。

目的論のところで話したように、人は常に良くなろうとしています。常に目標を追求しています。たとえば、もっと仕事ができるようになりたいとか、もっと愛情が欲しいとか、もっと収入が欲しいとか、そういうことをすべて目標として追求しています。目標を追求する行動は、自分に返ってくるものです。自分が努力したことが自分に返ってくる、ということでいいわけですけれども、完全に私利私欲で動いているとちょっと体裁が悪いのですね。そこでちょっと自己欺瞞をする。これは自分の欲望とか利益のためにやっているんだけれども、他の人のため、まわりのためにもなっているよね、というふうに自己欺瞞することによって、いくらか楽に目標追求ができるようになるわけです。これは習わなくてもできます。これをあえて「あなたのためにやっているのだよ」と見せつけるとちょっといやらしくなります。

自己欺瞞をしているのか、それとも素直に共同体感覚を表現しているのかは、本人にしかわかりません。外から見た行動は、ほぼ同じなので、見分けがつかないのです。誰かを助けているという行動が、助けないと何となく体裁が悪いからという自己欺瞞でやっているのか、それとも自分の共同体感覚にしたがってそうしているのかは、外から見ていてもよくわかりません。外から見て、この人はどう考えてやっているのか、ということはあくまでも推測に過ぎません。

それは問題ではありません。そこではなく、本人自身が、自分が共同体感覚で動いているのかどうかがわかっているということが重要なのです。そのためには自分の利益だけではなく、相手の利益にもなることは何かないだろうか、と考えていくのが共同体感覚の第一歩です。

たとえば、子どもに勉強してもらいたいというのは、たいていは親のエゴなのです。子どもが勉強して、いい学校に入ってもらえば、親が楽になるからです。あるいは、親自身ができなかった夢を子どもが果たしてくれるかもしれないというような期待もあるかもしれません。いずれにしても、親のエゴであって、子どものことを本当に考えているわけではない。

それをわかった上で、子どもに勉強を強制するのではなくて、自ら選んで喜んで勉強してもらいたいと思うのですね。そのためのいい方法は、何かないだろうかと考えるわけです。「勉強しろ」と言ってもたいていは失敗します。それは、あまりにも親のエゴがむき出しになっているのが、子どもにもわかるからです。そうではなくて、子どもにも勉強の楽しさをわかってもらって、その結果として勉強がよくできるようになればいいわけです。そうすると私もOKですし、子どももOKです。これが共同体感覚の第一歩です。

「共同体」はどこにあるのか

そうすると、「では共同体って何ですか」という話になります。これはもともとはドイツ語で「ゲマインシャフト（Gemeinschaft）」という言葉にあたります。英語で言うと「コミュニティ

(community)」です。ゲマインシャフトは、地縁・血縁によって結びついた自然発生的な組織を指します。それに対して、利益や機能を追求するために人工的に作った組織を「ゲゼルシャフト(Gesellschaft)」といいます。近代社会は、利益追求や機能性追求のために作られた企業や都市といったゲゼルシャフトを発達させてきました。

「共同体感覚」はドイツ語で「ゲマインシャフツゲフュール(Gemeinschaftsgefühl)」です。この単語の中に、ゲマインシャフト(共同体)が入っています。しかし、「共同体感覚」がいうところの「共同体」というのは究極的には「未来の社会全体」というような抽象的な概念を指しています。

しかし、私たちの行動は常に具体的です。口で「社会全体を愛する」と言うことは簡単なことです。そういうふうに口で言うだけの話ですから。しかし、自分のパートナーや子どもを愛することの方が難しいことです。これは口先の問題ではなく、具体的な行動の問題だからです。毎日会う相手に対して、自分が何ができるかを考えること、これが共同体感覚というものに通じてきます。

共同体について整理してみましょう。自分の一番身近にいる人たち、それはパートナーや子どもや兄弟姉妹、両親であったりします。これが一番自分に近いところの共同体です。その外側にあるのが交友の共同体であり、さらに外側にあるのが仕事の共同体です。これ以外にも、地域の共同体もありますし、オンラインコミュニティのようなものもあります。このように、共同体という場合、いろいろなものが考えられます。

こうしたさまざまな共同体の中で、自分ができることを考え、行動していくことが共同体感覚を育てていくことになります。アドラーは「共同体感覚は生まれつき備わった潜在的な可能性であるに過ぎないので、意識して育成されなければならない」と言っています。

共同体感覚とはどんな「感覚」なのか

共同体感覚の「共同体」というのは、究極的には「未来の社会」というような抽象的な概念であると同時に、日常的には「目の前にいる他者とどう付き合っていくか」という具体的な行動であるということがわかりました。では、共同体感覚があるときに感じる「感覚」とはどんな感覚なのでしょうか。

共同体感覚をさらにわけて考えてみるとすれば、自己受容、信頼、所属、貢献の4つの感覚からなっていると考えられます（図参照）。

「自己受容」の感覚とは、その共同体の中でありのままの自分でいられるという感覚です。自分を飾ったり、偽ったりすることなく、そのままの自分でいていいと感じることです。自己受容の感覚があまり持てないとすれば、その共同体の中で自分が無理をしたり、背伸びをしていると感じることがあるかもしれません。

「信頼」の感覚とは、まわりの人たちに安心して任せることができるという感覚です。まわりの人に頼ることができるという感覚です。もしこの感覚が持てないとすれば、その共同体の中で自分一人だけががんばっている、がんばらなければやっていけないという状況かもしれません。

「所属」の感覚とは、その共同体に自分が所属して

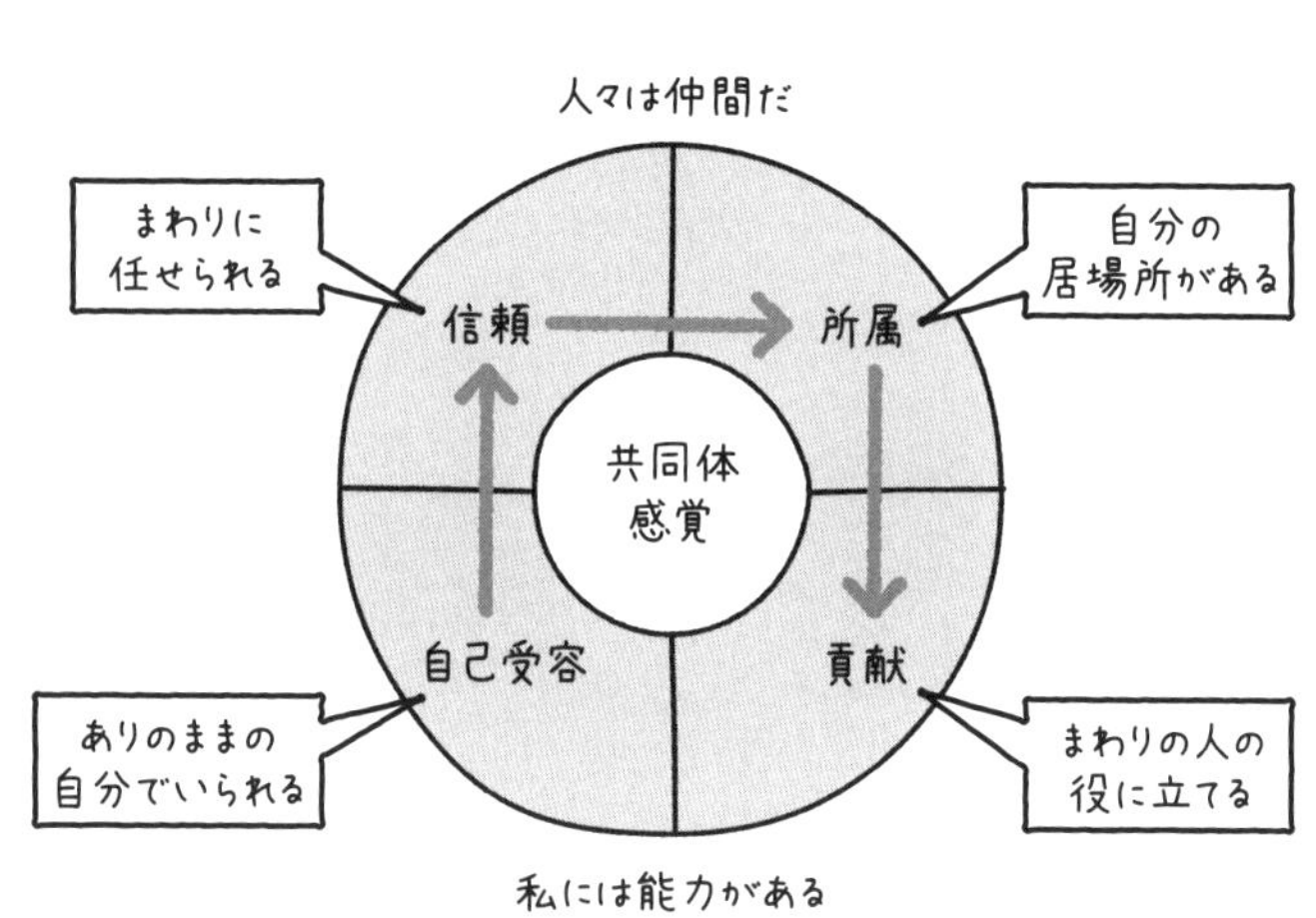

共同体感覚

いること、もっと具体的にいえば、その中に自分の「居場所」があるという感覚です。その共同体の中で、安心して自分の居場所にいられるという感覚です。家族の中でも、友人グループの中でも、職場でも、自分の居心地が悪く感じられたり、居場所がないと感じられるならば、この所属の感覚ができていないということです。所属の感覚がなければ、自分が仲間はずれになっていると感じるでしょう。

「貢献」の感覚とは、自分がまわりの人の役に立つことができるという感覚です。自分が持っている能力を使って、その共同体に貢献できるという感覚です。その共同体での所属の感覚を持っているとしても、貢献の感覚があまりないとすれば、自分が他の人の足を引っ張っているのではないか、あるいは重荷になっているのではないかと感じることがあるかもしれません。

以上の4つの感覚のうち、自己受容と貢献を「私には能力がある」という感覚、所属と信頼を「人々は仲間だ」という感覚、とまとめることができます。その共同体の中で、自分の能力を使って、まわりの人たちの役に立ち、貢献することができること、そうすることでありのままの自分でいられることが「私には能力がある」という感覚を生み出します。また、まわりの人たちが自分の仲間であり、信頼して任せることができることが「人々は仲間だ」という感覚を生み出します。この2つの感覚を自然に感じられることが共同体感覚を持っていることだといえるでしょう。
こうしてみると、共同体感覚は生まれつきのものではなく、日常的に努力し、練習することで徐々に育てていかなければならないことだということがわかります。

共同体感覚を育てるにはどうすればいいか

人は共同体の中で、いつでも自分の居場所、つまり所属を求めています。一人では生きていけないことを知っているので所属を求めるのです。人々の行為は、すべて最終目的として所属を目指しているのだと考えると、複雑に見える他者の行為も自分の行為もシンプルに見えてくるでしょう。それが、一見複雑に見えるのは、人それぞれのライフスタイルで、所属を目指そうとするからです。ある人は、主導権を握ることによって所属を果たそうとしますし、また別の人は共同体の中の雰囲気を良いものにしようと努力することで所属を果たそうとします。目的はひとつですけれども、その果たし方は人によっていろいろなのです。

もし、自分にしか通用しない考えで所属を目指そうとすると、まわりの人からは不適切な行動としてみられるでしょう。自分だけに通用する考え方を「私的論理（private logic）」と呼びます。共同体感覚を育てる努力というのは、各自が持っている私的論理を見つけ出すことによって、それを共同体のメンバーが共有できる「共通感覚（common sense）」へと変換していくことです。そのためには、**自分がこのように行動することは、いったい他の人にとってはどういうことになるのか、ということをいつも想像しながら決めていくことです。**そう心がけることで共通感覚を身につけていくことができるでしょう。

自分のことだけを考えると、「私利私欲」になります。私利私欲を追求することは、自分自身の生存のためにはいいことです。しかし、同時に、それがまわりの人たちにとってどういうことになるのか、ということを少しずつ考えていくことです。それが自分の共同体感覚を育てていく方法です。このように、共同体感覚を育てていくことが、他者とのよい関係を作り、最終的には幸せにつながります。まわりのことを考えないで、私利私欲を追求すれば、自分を孤立させることになります。そうなると所属を果たせないこととなります。所属を果たせなければ、幸せを感じることはないでしょう。

【質疑応答】共同体感覚を自己点検する

では、質問を受けたいと思います。

Aさん 自分をよく見せるための行動が、他人の役に立つとします。この場合、自分をよく見せるために行動することが、共同体感覚だといえるでしょうか?

向後 共同体感覚ではありません。自分を良く見せるために行動しているというのであれば、私利私欲ですからね。自分だけの目標の追求です。でも、普通は、自分を良く見せようと思って行動します。それが自分のことだけを考えてしていることだということを知っているのは自分だけです。たとえそうであっても、その行動だけをとってみれば、十分に共同体感覚的ではあるのです。そうであれば、そのまま続ければいいと思います。そうしているうちに、「これが共同体感覚かもしれない」と感じるようになってくるでしょう。

Bさん 「win-winの関係」という言葉がありますが、こうした関係になることも共同体感覚というのでしょうか。

向後　「win-winの関係」というのは、自分も勝ち、相手も勝つ、お互いに満足できるような解決策をみつけよう、ということですよね。これは共同体感覚に似ているようで違います。どこが違うかというと「win-winの関係」は、商売や取り引きの場面を想定しているという点です。共同体感覚は「取り引き」ということ自体を考えていません。先ほどの質問で、「自分をよく見せるために他人を助けるのは共同体感覚か」という話がありました。これが共同体感覚ではない理由は、そこに取り引きがあるからなのです。つまり、「他人を助ける」行動を支払って「自分を良く見てもらう」という利益を得たわけです。これは個人的な商売をしたということです。商売や取り引きの枠組を超えたところに共同体感覚があります。自分と相手を含めた共同体にとって、自分がやろうとしていることはどういう意味があるのかを感じるのが共同体感覚です。

Cさん　ライフタスクをなしとげようと努力している人は、共同体感覚があると理解してよいでしょうか。

向後　ライフタスクに立ち向かっている時に、いろんな立ち向かい方があります。完全に自己中心的にやることも可能です。それから逃げることも可能です。たとえば、学校でうまくいかなくなったときに、クラスを荒らしたりする。それはライフタスクへの取り組みを間違った方向でやっているわけです。しかし、そこに立ち向かわないことには人生は完成しません。そのやり方についてはいろいろなやり方があります。逃げることも可能ですし、自己中心的にやることも可能です。もうひとつは、共同体感覚にしたがって、なしとげようとすることです。

Dさん アドラー心理学について学び、貢献感が重要だと理解しました。でもその貢献感を他人と比べてしまい、なんかすっきりしません。

向後 自分の共同体感覚を他者のそれと比べることはできません。共同体感覚は、ひとつの価値観ですから。私たちが観察できるのはあくまでも行動レベルのことです。どう行動したか、どう言ったかということを判断材料として、共同体感覚があるかないかというのを推し量ろうとしてもほとんど無理です。

ただし、共同体感覚を自分の中で育てることはできます。私は共同体感覚にしたがって行動しているかな、どうかな、という自己点検をしている限り大丈夫です。共同体感覚という言葉は、自己点検のための物差しだと思うといいかもしれません。自分に向き合って、私の今日の行動は共同体感覚に基づいているものだったでしょうか、みたいなことを折にふれて内省してみるといいかもしれませんね。

Column

アドラーの理論の進展

人間に関するアドラーの理論は、その時期によって発展していきました。それを、3つの時期に分けるとすると、次のようになります。

第1期：劣等感とその補償の理論化
第2期：ライフスタイルの理論化
第3期：共同体感覚の理論化

第1期の「劣等感とその補償の理論化」では、人は誰でもより良い自分を目指していること、その帰結と

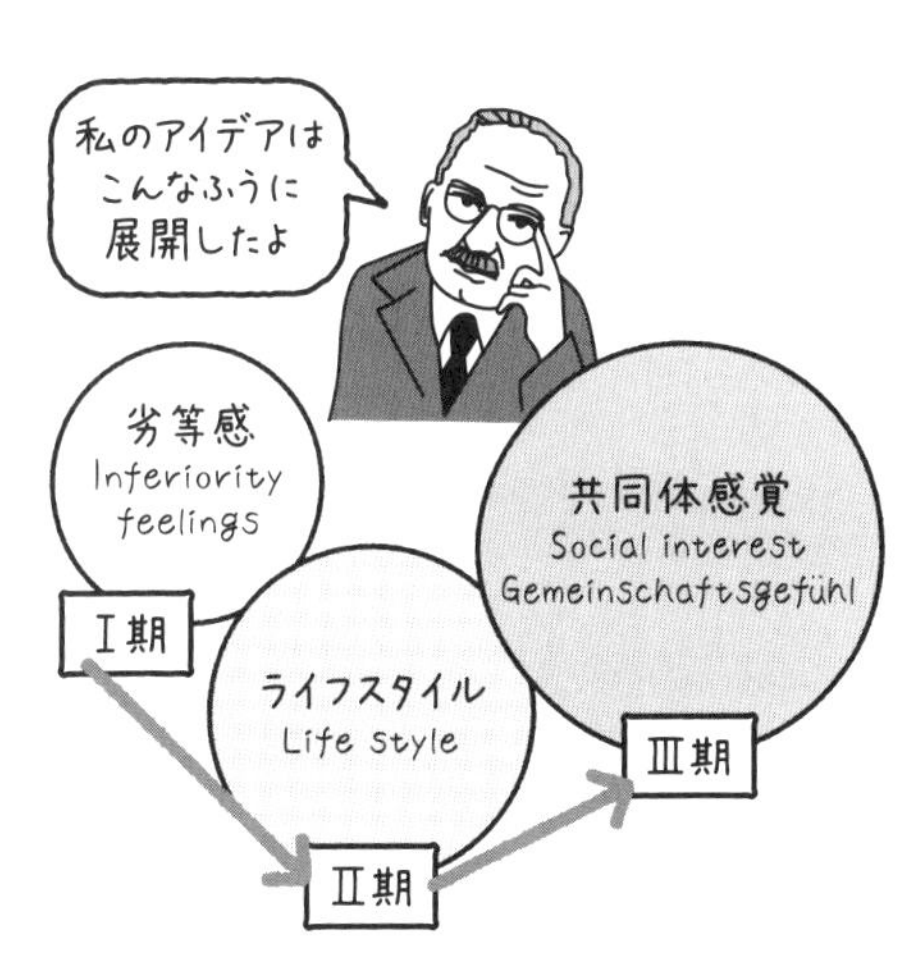

して劣等感を感じ、それを補償するために努力するのだという形で理論化しました。アドラーの独自性はこの点にあります。つまり、劣等感は、他の誰かと比べたりすることで生まれるのではなく、より良い自分を目指すということがまずあって、それと現在の自分とを比較した時に自然に生まれてくるものだということです。

第2期の「ライフスタイルの理論化」では、それぞれの人の目的の達成の仕方に違いがあるという点に着目しました。活動性が高く、積極的にものごとを進める人がいる一方で、活動性が低く、受身的な形でものごとを進めていく人もいます。このように、人それぞれが自分独自の人生を描いていくのです。これをアドラーはライフスタイルとして理論化しました。ライフスタイルは人生の初期の頃に、劣等感への対応の仕方を中心にして固まってきます。しかし、同時に自分の決心次第で変えることができると言っています。ここに、アドラーの人間の可能性に対する信頼感が現れているともいえるでしょう。

第3期の「共同体感覚の理論化」では、人間は一人では生きてはいけないということと、人類の一員として生まれてきたという動かせない事実から出発しました。人が、家族や友人関係、職場といったさまざまな共同体の中でどのように考え、どのように行動していくべきかということを考えるために「共同体感覚」という概念を提起しました。

さまざまな共同体の中で、人は常に所属を果たそうとしています。所属を果たすためには、まず、ありのままの自分をそこで受け入れられること、そこに自分の居場所を感じられることそして、その共同体のメンバーを信頼し、メンバーの役に立つことができること、が必要です。この共同体感覚の概念こそが、アドラーが私たち人類に提起した遺産ということになるでしょう。自分自身が人類の一員として幸せに生きることは、共同体感覚の概念なしには考えることができないでしょう。

講義の締めに：アドラーの言葉

自分自身の幸福と人類の幸福のために
もっとも貢献するのは共同体感覚である。
それゆえ、人生の問題へのすべての答えは
この結びつきを考慮にいれなければならない。

――アルフレッド・アドラー『人生の意味の心理学〈上〉』（アルテ）より

第10章

アドラー心理学はあなたに何を提供するのか

アドラー心理学は科学なのか?

いよいよ最後の章になりました。今日は、最後のまとめとして「アドラー心理学はあなたに何を提供するのか」ということを取り上げたいと思います。

最初の章で、こんなことをいいました。「もし、あなたが『生きている意味』を知りたいと思うのであれば、アドラー心理学を学ぶのがいいと思います。なぜなら、アドラー心理学は、私たちがどのようにして毎日を生きているのかということについての『全体像』を与えてくれるからです」

あなたが最後の章まで読み進んできた今、どんなふうに感じているでしょうか。この本では、私たちが生きている意味への回答のひとつとしてアドラー心理学の考え方を提示しました。もちろんそれは「仮説」にすぎません。しかし、現実の生活の中でそれをよく検討して、もしそれでうまくいくのであれば、それを採用するというのが、「科学的な態度」です。アドラー心理学は、人間の現実の生活に役立つ「科学」であると主張したいと思います。

「アドラー心理学が科学である」というと、「では、アドラー心理学は真理なのですか?」とたずねる人もいるでしょう。もちろん「真理」であるとは言いません。アドラー心理学に限らず、現代の科学はすべて「真理」ではありません。そうではなくて、科学というのは「特定の現象を説明し、予測するような仮説」を作ろうとしている営みなのです。そうしてできた仮説の集合がまとめられて体系づけられたものを「理論」と呼びます。

予測がうまくいっている限り、それは正しい理論です。しかし、もし予測が外れるような現象が出てきたら、その理論を修正するか、根本から作り直す必要が出てきます。ですから、理論は常に「仮説」の状態であって、「真理」の状態になることはありません。

アドラー心理学は、「人が生きることについての科学」です。つまり、人が生きることに関する仮説の集合としての理論を提供しています。ですから、私たちはそれを「真理」として受け取るのではなく、「アドラー心理学の見方をひとまず仮説として採用してみよう。もし、それで他者の行動が予測できたり、自分の生き方がうまくいくのであれば、それを理論として自分に取り入れよう」という態度で受けとめればいいのです。

アドラー心理学の理論と技法、そして思想

アドラー心理学の理論は次の5つにまとめることができます。

(1) 目的論：人間の行動についての理論
(2) 仮想論：人間の認知についての理論
(3) 全体論：自分自身についての理論
(4) 社会統合論：自分と他者との関係についての理論
(5) 個人の主体性：人間の意志についての理論

仮説の集合体が理論ですから、これらはすべて仮説の集まりです。この本では、この5つの理論に従って、「もしこうした見方を採用するとしたら、あなた自身とあなたの人生はどのように見えるだろうか」という実験をしてきたのです。

さて、こうした理論を現実場面に活かす必要が出てきます。それを「技法」と呼びます。技法は、

どんな人たちが対象か、どんな組織や場所で行うのか、どんな文化的背景があるのかなどによって、さまざまに工夫する余地があります。したがって、同じ理論に基づいていても、それぞれに異なった技法が生み出される可能性があります。

この本では、アドラー心理学に基づいた技法として、ライフスタイル分析、ライフタスク、勇気づけ、タテの関係・ヨコの関係といったものを紹介してきました。アドラー心理学に基づいた技法は、これ以外にもありますし、これからも開発されていくでしょう。

では、アドラー心理学の最終的な到達点である「共同体感覚」はどこに位置づけられるのでしょうか。

アドラーもアドラー心理学の後継者たちも、共同体

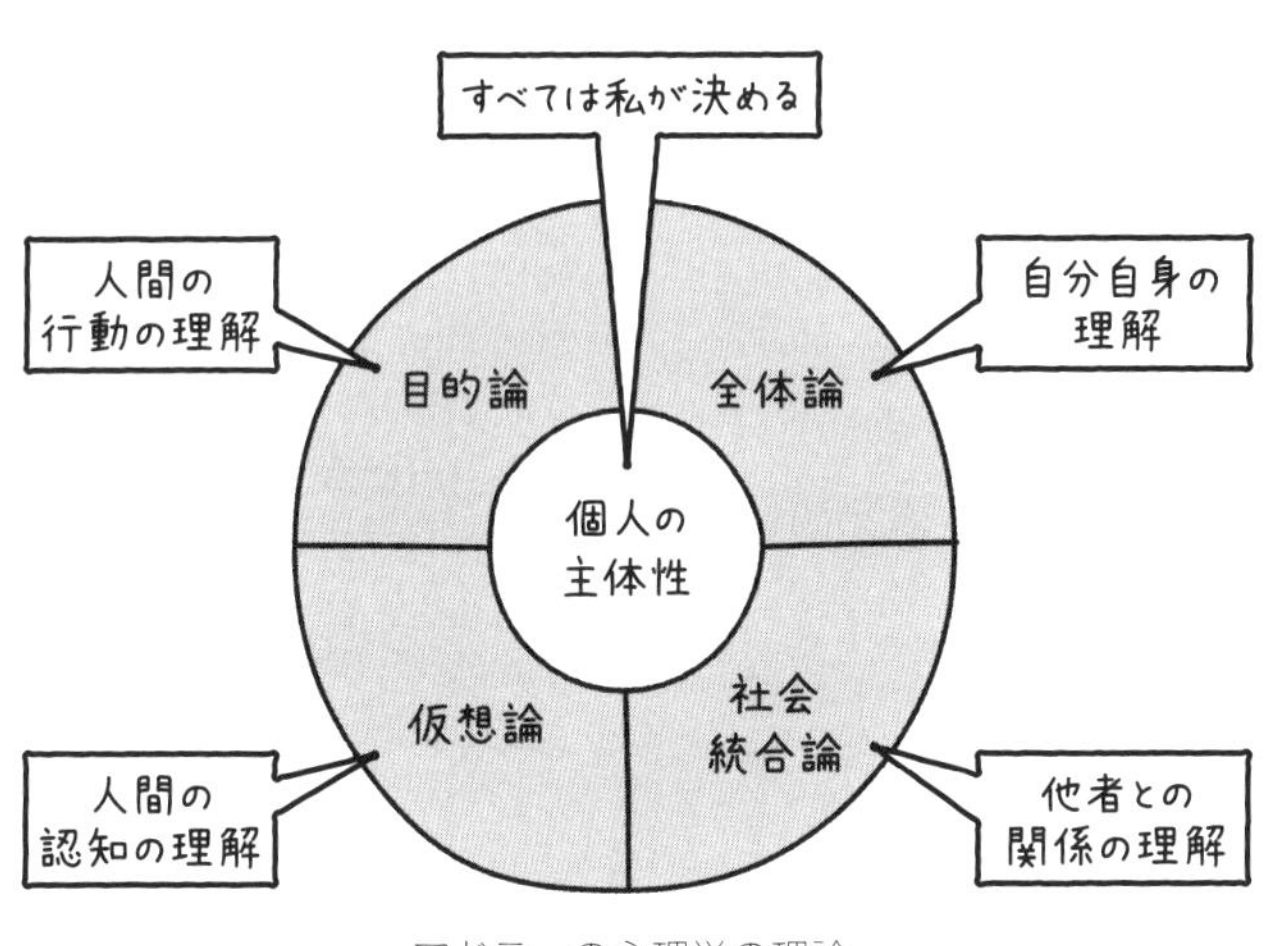

アドラーの心理学の理論

感覚を「良いもの」として位置づけてきました。つまり、「人がみんな共同体感覚を持つようになるといいなあ」と思っているのです。なぜならば、そうなることで、より良い社会になることを信じているからです。したがって、共同体感覚はアドラー心理学の「思想的な部分」と位置づけることができるでしょう。

しかし、「良い」というのは価値判断です。科学が社会の価値判断から逃れられないとしても、明確に「良い」と言い切ってしまうのは、中立的ではありません。そのため、共同体感覚をアドラー心理学の「思想」として位置づけておくのです。それでも「共同体感覚というものを想定して、それを身につけようとしたときに、その人は幸せになるだろう」という形の仮説にすれば、科学の枠組みで扱うことができます。ですから、アドラー心理学は依然として科学の枠組みにとどまることができます。

その一方で、共同体感覚を「良いもの」として社会に広めていこうとすれば、それは社会運動の色合いを帯びてきます。アドラー心理学には、その両方の側面があるのです。

アドラー心理学を取り入れることはパラダイムの転換である

アドラー心理学は5つの理論から構成されていることをいいました。この理論にしたがって、自分と他者、そして自分の人生について見方を変えてみようというのが、この本の目的でした。

16世紀にコペルニクスが地動説を唱えるまでは、すべての人が地球を中心として天が回っているという天動説を信じていました。現代に生きる私たちは、地球は宇宙の中心なのではなく、惑星のひとつとして動いているということを知っています。しかし、天動説を信じ込んでいた人々にとっては、自分が立っているこの地球がものすごいスピードで動いているということは驚きでもあり、信じがたいことだったでしょう。こうしたものの見方・考え方が根底からくつがえることをパラダイムの転換と呼びます。

アドラー心理学の理論は、私たちにパラダイムの転換をせまるものです。

目的論は、人間の行動が、過去の出来事を原因として決められるのではなく、意識してもしなくてもある目的に向かって進んでいくものだ、という見方を提供します。

仮想論は、人間の認知が、世界の姿を正確に見ているものではなく、自分の都合のよいように世界を解釈しているにすぎないのだ、という見方を提供します。

全体論は、自分自身が、完全にコントロールできる部分とまったくコントロールできない部分からなっていたり、それらがお互いに葛藤しているのではなく、個人全体として一貫して行動しているのだ、という見方を提供します。

社会統合論は、自分と他者の対人関係が、何もしなくてもうまくいくというものではなく、それぞれが個性的なライフスタイルを持っていて、それを理解し合い、尊重し合うことが必要なのだ、という見方を提供します。

そして、個人の主体性は、自分の人生が、遺伝や環境や運命や偶然によって決められているものではなく、そうした制約以外の部分はすべて自分の意志によって決めることができるのだ、という見方を提供します。

以上の見方がアドラー心理学のパラダイムです。きっとそれはあなたがこれまでに採用していたものの見方とは違うはずです。もちろん、アドラー心理学のパラダイムが正しいとか、真理であるとか、主張するものではありません。ただ、あなたが採用してきたパラダイムとは違ったパラダイムも存在するのだということを言いたいのです。そして、どのパラダイム、つまりものの見方を採用するかは、あなた自身に委ねられているということなのです。

もし、あなたがひとつのパラダイムしか知らなければ、それを選ぶしかないでしょう。しかし、**今あなたはアドラー心理学のパラダイムがどういうものであるかを知っています。**ですから、今までのパラダイムか、アドラー心理学のパラダイムか、どちらかを自分自身で選ぶことができるようになったのです。

アドラーがその後の心理学に与えたもの

最後に、アドラー心理学が、心理学全体の中ではどのような位置づけになっているのかを見ておきたいと思います。

ジークムント・フロイト（1856―1939）とカール・ユング（1875―1961）は、日本ではよく紹介され、知られています。アルフレッド・アドラー（1870―1937）は、フロイト、ユングと同時代に活躍して、合わせて臨床心理学の基礎を築いた3人と呼ばれています。

しかし、日本ではアドラーを紹介する人が少なかったために、知名度は高くないままでした。アドラーはフロイトの弟子と間違えて紹介されることもあります。確かに、両者はウィーンの精神分析協会の中で議論を戦わせることはありましたけれども、理論の根本的な違いによってアドラーはフロイトから離れていきました。

科学としての近代心理学が成立するのは、それよりも少し前の19世紀の後半でした。ドイツではヴィルヘルム・ヴント（1832－1920）、アメリカではウィリアム・ジェームズ（1842－1910）を中心にして、科学としての心理学はその対象や方法論を広げながら発展していきます。

そうした中で、3つの批判的な勢力が現れます。第1勢力が、フロイトを中心とした「精神分析」です。

第2勢力は、ジョン・ワトソン（1878－1958）をはじめとする「行動主義」でした。行動主義の流れは、その後バラス・スキナー（1904－1990）の徹底的行動主義を経て、現代の行動分析学や行動療法に展開していきます。その一方で、期待や信念といった媒介変数の考え方を取り入れることで認知心理学への道筋をつけ、それが現代の認知療法につながっています。

第3勢力は、カール・ロジャーズ(1902―1987)やエイブラハム・マズロー(1908―1970)を中心とする「人間性心理学(humanistic psychology)」でした。人間性心理学は、自己実現を目指すという人間の性質を明らかにしようとしていました。実は、ロジャーズもマズローも、若いときにアドラーに教えを受けていました。2人ともその後、アドラーからたくさんのことを学んだと語っています。ですから、人間性心理学の源流はアドラーであるといってもいいでしょう。

その後、人間性心理学は、マーティン・セリグマン(1942―)が打ち立てた「ポジティブ心理学」に引き継がれていきます。ポ

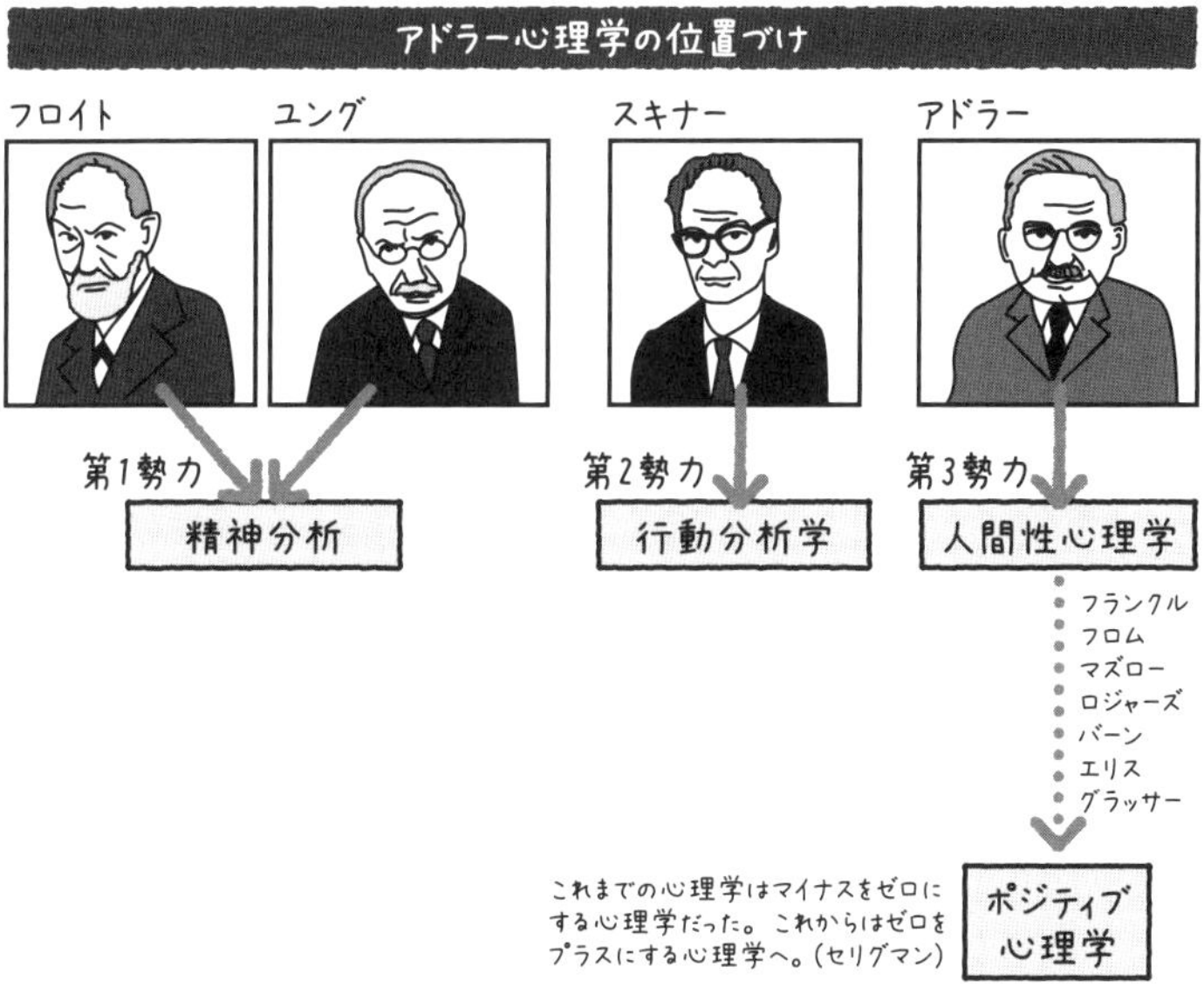

アドラー心理学の位置づけ

ジティブ心理学では、人間が幸福になるための実証研究とその応用研究がされています。セリグマンは、これまでの心理学はマイナスをゼロにする心理学だったので、これからはゼロをプラスにする心理学への展開が必要だと主張しています。

まとめてみると、アドラーは心理学史の中では、心理療法や臨床心理学の基礎を築き、人間性心理学の源流となりました。しかし、アドラーのもっとも重要な貢献は、人間についての新しい見方を提供したということになるでしょう。それは単なる抽象的な理論ではなく、現実に毎日を生きている私たちに、生きることについてのシンプルで力強い全体像を与えてくれるものです。そして、私たちはそれを理解することによって、意味のある人生を送ることができるのです。

講義の締めに：アドラーの言葉

誰かが始めなければならない。
他の人が協力的ではないとしても、それはあなたには関係がない。
私の助言はこうだ。あなたが始めるべきだ。
他の人が協力的であるかどうかなど考えることなく。

――アルフレッド・アドラー『人生の意味の心理学〈下〉』（アルテ）より

おわりに

「私たちは何のために毎日を生きているのか」という問いかけから、この本は始まりました。今、この本を読み終わって、あなたはどのように感じているでしょうか。なんとなく、すっきりとした気分になっているのではないでしょうか。

もしそうだとしたら、それはあなたが、アドラー心理学のメガネ、つまりアドラー心理学のパラダイムを手に入れたからなのだと思います。アドラーメガネによって、自分の考え方や行動のしくみがどうなっているのか、そして自分が人類の一員として生まれて来て、なにを目的として生きているのかということが、シンプルに、そして明確に見えてきたからなのです。

あなたは今、アドラー心理学のパラダイムによって自分自身と世界を見ることができます。そうしたときに、まわりの世界がどう変わって見えるか、そしてあなた自身の考え方と行動がどう変わるか、さらに、あなた自身の行動が変わることで、まわりの人々がどう変わっていくのか。あなたには、それを試してみる準備ができました。

では、この本を閉じて、それを試してみましょう。アドラー心理学は実践の心理学です。アドラー心理学を実践することで、あなたの人生が幸せになることを願っています。

謝辞　この本は、2014年度春に開かれた早稲田大学オープンカレッジ中野校での講座『幸福になるための臨床心理学：アドラー心理学の理論と実践』を元として、全体を構成しなおしたものです。この講座の内容の検討と運営を手伝っていただいた、伊澤幸代さん、下川照代さん、多喜翠さん、堂坂更夜香さん、服部弘子さん、福田千加子さんのみなさんに感謝します。また、私がこの講座の企画を提案したときに、実現に向けて後押ししていただいた、オープンカレッジ中野校の保原万美さんに感謝します。

長年の友である岸見一郎さんからは、とてもすてきなコメントをオビにいただきました。ありがとうございます。

長年の恩師である野田俊作先生に感謝します。この本は野田先生が主催しているアドラーギルドのアドラー心理学基礎講座理論編に多くを負っています。

技術評論社の佐藤丈樹さんには、オープンカレッジ講座の毎回の記録を取っていただき、文字起こしから、全体の編集までお世話いただきました。統計学の2冊の本に続き、アドラー心理学の本を出していただき、感謝の気持ちでいっぱいです。

2014年12月　所沢にて　向後千春

書籍紹介

●アドラー心理学の入門書

- 岸見一郎『アドラー心理学　実践入門』ＫＫベストセラーズ、２０１４
- ルドルフ・ドライカース（宮野栄 訳）『アドラー心理学の基礎』一光社、１９９６

●アドラーの言葉に直接触れられる本

- アルフレッド・アドラー（岸見一郎 訳）『人生の意味の心理学（上・下）』アルテ、２０１０
- アルフレッド・アドラー（岸見一郎 訳）『個人心理学講義』アルテ、２０１２

●参考文献

- アンリ・エレンベルガー（木村敏・中井久夫 監訳）『無意識の発見（下）』弘文堂、１９８０
- ソニア・リュボミアスキー（金井真弓 訳）『幸せがずっと続く12の行動習慣』日本実業出版社、２０１２
- ジェイン・マクゴニガル（藤本徹・藤井清美 訳）『幸せな未来は「ゲーム」が作る』早川書房、２０１１
- Jane Nelsen: Positive Discipline. Ballantine Books, 2006
- J. Yang. A. Milliren, and M. Blagen: The Psychology of Courage: An Adlerian Handbook for Healthy Social Living. NY:Routledge. 2010

著者プロフィール

向後 千春（こうご・ちはる）

早稲田大学人間科学学術院教授。博士（教育学）（東京学芸大学、２００６）。

●経歴

早稲田大学第一文学部心理学専修卒業。

早稲田大学大学院文学研究科博士後期課程心理学専攻単位取得満期退学。

富山大学教育学部講師・助教授を経て、２００２年より現職。

●専門領域

・教育工学（特に、eラーニング、生涯学習、インストラクショナルデザイン）

・教育心理学

・アドラー心理学

●所属学会

・日本教育工学会　評議員（２０１１年６月～２０１５年６月予定）

・日本アドラー心理学会

・教育システム情報学会

・日本心理学会
・日本教育心理学会
・日本社会心理学会　（順不同）

● 著書

・向後千春『コミックでわかるアドラー心理学』（KADOKAWA中経出版、2014年）
・向後千春『教師のための教える技術』（明治図書出版、2014年）
・向後千春『伝わる文章を書く技術』（永岡書店、2014年）
・向後千春『いちばんやさしい教える技術』（永岡書店、2012年）
・向後千春・冨永敦子『統計学がわかる【回帰分析・因子分析編】』（技術評論社、2008年）
・向後千春・冨永敦子『統計学がわかる』（技術評論社、2007年）

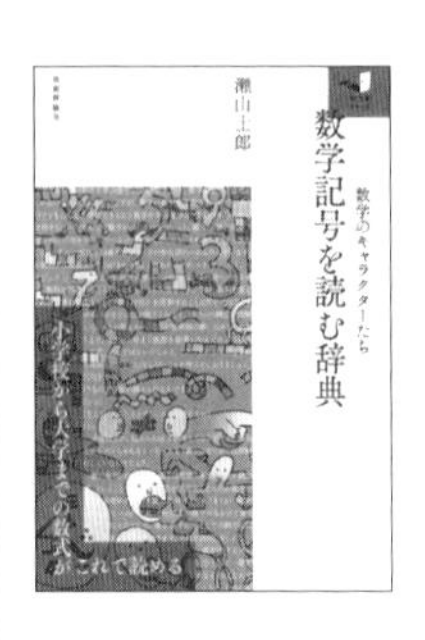

数学記号を読む辞典

数学のキャラクターたち

瀬山士郎 著

これで数学記号の意味・読み・使い方がわかる!
小学校からはじめて、大学までの数式が
読めるようになる、読み通せる
辞典風数学エッセイ。

最初は小学生レベルの数字「1,2,3…」からはじめて、最終的には大学レベルの数学記号に到達。気軽に散歩を楽しむように、数学記号を一個一個、楽しく読み解いていきましょう。数学にもう一度取り組んでみたいと考えているけど、そもそも数学記号の意味からあやふやになってしまった、そんな方に特におすすめです。

第 1 章　はじめての数学記号たち ー 小学校の数学記号
第 2 章　その次の数学記号たち ー 中学校の数学記号
第 3 章　少し進んだ数学記号たち ー 高校の数学記号
第 4 章　もっと進んだ数学記号たち ー 大学の数学記号

リーマン予想を解こう

新ゼータと因数分解からのアプローチ

黒川信重 著

零点や極を探してみよう！

ゼータの零点と聞いても「？？」という方にぜひ読んでいただきたい1冊です。本来リーマン予想のアプローチはみなさんが中学生のときに学んだ因数分解と同じ発想なのです。もっと簡単に言って12=2×2×3をイメージしてみてください。リーマン予想は式をこのような単純明解でシンプルなものに因数分解するということがねらいなのです。

内容

第Ⅰ部　リーマン予想研究
　第1章　リーマン予想と因数分解：零点って何？
　第2章　リーマン予想を解析接続：零点ほしい
　第3章　リーマン予想の解き方：零点をさがそう
第Ⅱ部　数力研究
　第4章　数力：新世紀ゼータ
　第5章　逆数力：反対に見たら
　第6章　古典化：絶対ゼータ
第Ⅲ部　ゼータ研究
　第7章　整数零点の規則：どんどんふやそう
　第8章　虚の零点に挑もう：こわくない虚数
　第9章　量子化で考える：q類似
　第10章　逆転しよう：ひっくりかえすと楽しい
　付録　数学研究法

アドラー"実践"講義 幸せに生きる
～今すぐ人生に効く9つのワーク

2015年 1月25日 初版 第1刷発行
2023年 2月 2日 初版 第3刷発行

著 者 向後 千春
発行者 片岡 巌
発行所 株式会社技術評論社
東京都新宿区市谷左内町21-13
電話 03-3513-6150 販売促進部
03-3267-2270 書籍編集部

印刷／製本 株式会社 加藤文明社

定価はカバーに表示してあります。

造本には細心の注意を払っておりますが、万一、乱丁(ページの乱れ)や落丁(ページの抜け)がございましたら、小社販売促進部までお送りください。
送料小社負担にてお取り替えいたします。

●ブックデザイン 大森裕二
●本文イラスト・DTP BUCH⁺

ISBN 978-4-7741-7061-9 C2011
Printed in Japan